PETRA WÜST    Profil macht Karriere

PETRA WÜST

# Profil macht Karriere

Mit Self Branding zum beruflichen Erfolg

orell füssli Verlag AG

Umschlagabbildungen: © iStockphoto.com
Umschlaggestaltung: Andreas Zollinger, Zürich
Druck: fgb • freiburger graphische betriebe, Freiburg

ISBN 978-3-280-05370-6

---

Bibliografische Information der Deutschen Nationalbibliothek:
Die Deutsche Nationalbibliothek verzeichnet diese Publikation in der Deutschen Nationalbibliografie; detaillierte bibliografische Daten sind im Internet über http://dnb.d-nb.de abrufbar.

FSC
Mix
Produktgruppe aus vorbildlich bewirtschafteten Wäldern, kontrollierten Herkünften und Recyclingholz oder -fasern
www.fsc.org Zert.-Nr. SGS-COC-003993
© 1996 Forest Stewardship Council

# Inhalt

# Warum Sie dieses Buch lesen sollten

Die Wirtschaftskrise hat das Arbeitsleben stark verändert. Aus Karrierewegen, die bislang gut präpariert und deutlich vorgezeichnet waren, sind zuweilen holperige Schotterpisten mit unklarer Zielrichtung geworden. Jobs, die bis vor kurzer Zeit ausgezeichnete Verdienstmöglichkeiten und hohes Ansehen boten, sind plötzlich unsicher, unbeliebt, ja verpönt. Für viele ist die Sinnfrage in den Vordergrund gerückt: Wonach will ich mein Leben ausrichten? Welche berufliche Tätigkeit ist für mich richtig? Welche Werte sind mir bei der Arbeit wichtig? Wie kann ich mich positionieren, um mich entsprechend weiterentwickeln zu können? Das Bedürfnis, sich ein klares Profil zu geben, hat seit Beginn der Wirtschaftskrise deutlich zugenommen.

In meinem Buch «Profil macht Karriere» vertrete ich die These, dass der Erfolg jedes Einzelnen zu einem großen Teil auf seiner Fähigkeit beruht, ein authentisches und unverkennbares Profil zu gestalten und sich in einer fragmentierten, individualisierten und sich ständig wandelnden Arbeitswelt zu positionieren.

Sind Sie Projektarbeiterin oder Portfolio-Worker und müssen wechselnde Arbeitgeber laufend von Ihren Fähigkeiten überzeugen? Sind Sie eine Führungskraft, die dank einem zeitgemäßen, den aktuellen Anforderungen angepassten Profil Vertrauen schaffen will? Sind Sie angestellt, möchten beruflich weiterkommen und sich in Ihrem Umfeld einen bekannten Namen machen? Suchen Sie ein neues Betätigungsfeld und wollen Sie sich auf dem Arbeitsmarkt attraktiv und sichtbar positionieren? Sind Sie in der Politik aktiv und möchten Sie Ihre Wählerinnen und Wähler von Ihren Ideen überzeugen? Oder wollen Sie sich mit einem starken Image selbstständig machen? Wenn Sie eine dieser Fragen mit «Ja» beantworten, ist dieses Buch richtig für Sie.

**Werden Sie einzigartig – mit System**

Self Branding ist eine aus dem klassischen Marketing abgeleitete Methode, die Ihnen hilft, sich im Geschäftsleben besser zu positionieren. Dabei setzt Self Branding auf ein Karrieremodell, das bei jedem selbst beginnt. Eine Zusammensetzung aus individuellen Talenten und Fähigkeiten dient als Basis, auf der die Marke mit ihren spezifischen Ausprägungen aufgebaut wird. Im Zentrum steht dabei die eigene Unverwechselbarkeit, die immer mehr für den Erfolg jedes Einzelnen ausschlaggebend sein wird. Die eigene Unverwechselbarkeit ist der beste Schutz vor drohender Austauschbarkeit, denn wer sich unterscheidet, macht es anderen leicht, sich für ihn zu entscheiden.

Self Branding ist ein geeignetes Instrument, um einzigartig zu werden – und zwar mit System: Sie lernen sich selber besser kennen und werden sich Ihrer Stärken, Werte und Leidenschaften mehr bewusst. Darauf bauen Sie ein starkes, individuelles Profil, das in Ihrem Umfeld Vertrauen und Loyalität schafft und Sie von Ihren Konkurrenten abhebt. Schließlich positionieren Sie sich gezielt in einem Umfeld, das Sie stark macht und Ihnen optimale Entfaltungschancen bietet.

Damit schließt «Profil macht Karriere» an mein in der Zwischenzeit vergriffenes Buch «Self Branding für Manager» an. «Profil macht Karriere» trägt zudem den aktuellen wirtschaftlichen Turbulenzen und den damit einhergehenden Veränderungen in der Arbeitswelt Rechnung. Es zeigt auf, welchen ethischen und sozialen Ansprüchen eine persönliche Marke heute genügen muss und welche Trends das Self Branding in den nächsten Jahren prägen werden.

**Erfahrungen, Übungen und Tipps aus der Praxis**

Seit acht Jahren unterstütze ich meine Kundinnen und Kunden dabei, für sich ein starkes Markenprofil aufzubauen. In dieser Zeit habe ich das Self-Branding-Modell entwickelt, dessen überarbeitete und aktualisierte Form Sie in diesem Buch kennenlernen. Das Modell hat sich in der Praxis bewährt: Es zeigt auf anschauliche Weise, welche Elemente für die Markengestaltung und -positionierung relevant sind, und führt Sie durch die einzelnen Etappen Ihres persönlichen Branding-Prozesses. Das Modell ermöglicht Ihnen außerdem, Ihre Marke systematisch aufzubauen und gezielt an Ihren Stärken zu arbeiten.

An meinen Referaten, individuellen Coachings und Workshops nehmen Personen aus den unterschiedlichsten Bereichen teil: Hochschul- und MBA-Studenten genauso wie Führungskräfte, Angestellte und Selbstständige. Self Branding bietet auch Personen, die sich nach einem neuen Betätigungsfeld umsehen, eine große Hilfe, sich authentisch und erfolgreich zu präsentieren. Selbst Lehrer und Pfarrer, denen der Gedanke, sich oder ihre Dienstleistungen aktiv zu verkaufen, fremd ist, haben das Konzept des Self Branding in der Vergangenheit erfolgreich angewandt.

Self Branding eignet sich für alle Branchen: Ob in Banken oder Versicherungen, in der Pharmaindustrie oder Verwaltung, bei Verbänden oder im Bildungsbereich – überall wurde das Modell bereits mit großem Interesse umgesetzt.

Egal ob CEO, Mitarbeiter oder Seelsorger: Meine Erfahrung zeigt, dass jede Person in der Lage ist, ihr Profil zu schärfen und ihre Wirkung zu verbessern. Ich sage bewusst «in der Lage ist». Denn für eine erfolgreiche Markengestaltung braucht es mehr als bloß die Kenntnis der Branding-Elemente: Es braucht die Bereitschaft, sich selbst zu hinterfragen, althergebrachte

Selbstverständlichkeiten loszulassen und sich auf Neues einzulassen. Es braucht den Willen, täglich an sich zu arbeiten, und die Ausdauer, seinem Markenprofil treu zu bleiben – entgegen gelegentlich aufkeimenden Selbstzweifeln oder der Kritik durch Dritte.

In diesem Buch werde ich Ihnen einen Werkzeugkoffer vorstellen, gefüllt mit Grundwissen, Beispielen, Praxiserfahrungen, Übungen und Tipps. Vielleicht erscheint Ihnen der eine oder andere Gedanke zuerst fremd. Doch häufig öffnen sich uns gerade durch das Verlassen bekannter Pfade neue Ideen und Möglichkeiten.

**Mit einer Prise Unbescheidenheit**

Dabei gilt: Die Zeit, die Sie beim Lesen dieses Buches und Bearbeiten der Übungen verbringen, ist eine Zeit der absoluten Unbescheidenheit! Zensurieren Sie sich nicht mit Sätzen wie: «Das wirkt doch arrogant.» Oder: «Damit ecke ich bestimmt bei vielen an.» Sie haben die Wahl: Möchten Sie sich weiterhin so verhalten wie immer und damit die gleiche Wirkung erzielen wie bisher? Oder möchten Sie etwas an Ihrem Verhalten und Auftritt verbessern? Wohlgemerkt: Vieles in Bezug auf Ihr Selbstmarketing machen Sie intuitiv und aus Erfahrung bereits richtig. Ihr Image ist keine grüne Wiese, die bislang ungenutzt war und nun erstmals bebaut werden soll. Wir alle besitzen bereits eine «Marke», einen Stempel, den uns die Menschen in unserem Umfeld aufgedrückt haben. Denn wir Menschen haben die Eigenschaft, andere blitzschnell einzuschätzen und zu kategorisieren. Die Frage ist nur: Ist dieses Bild, das die anderen von Ihnen haben, auch das Bild, das Sie selber abgeben möchten?

Eine starke Ausstrahlung, ein gewinnendes Auftreten und einen größeren beruflichen Erfolg können Sie sich erarbeiten.

Alles, was Sie dazu brauchen, finden Sie in diesem Buch. Wenn Sie also unverwechselbar und beruflich erfolgreich sein wollen, brauchen Sie nur weiterzulesen. Ich wünsche Ihnen viel Freude und Erfolg bei der Gestaltung Ihrer faszinierenden, persönlichen Marke.

# Werden Sie zur Liebesmarke

Wofür steht Roger Federer? Für Weltklassetennis, Gewinnermentalität und Bescheidenheit. Obwohl Sie Roger Federer vermutlich nicht persönlich kennen, haben Sie ein relativ präzises Bild von ihm. Nun denken Sie an Boris Becker. Er hatte den gleichen Job wie Roger Federer und war ebenfalls die Nummer eins im Welttennis. Dennoch assoziieren wir Boris Becker mit völlig anderen Eigenschaften. Und wiederum wissen wir genau, welche Eigenschaften dies sind und wofür er steht.

Genau das bewirkt die Marke. Nur Marken schaffen es, ein kollektives Verständnis zu schaffen und die zu erwartenden Leistungen so klar und prägnant zu kommunizieren. Bei einer Marke weiß man, was man hat.

Erfolgreiche Menschen sind immer auch erfolgreiche Marken: Sie kommunizieren klar und deutlich, wofür sie stehen, wecken Vertrauen und gewinnen ihr Gegenüber für ihre Anliegen. Gleichzeitig werden sie wahrgenommen, unterscheiden sich von der Konkurrenz und heben sich von der Masse ab. Das Markenimage, das wir von einem Menschen haben, schafft Orientierung und hilft, Entscheidungen zu treffen. Wie bedeutend das Bild ist, das wir von einer Person im Kopf haben, wurde kürzlich von Forschern der Universität Zürich belegt: Sie konnten nachweisen, dass das Image einer Person die Interpretation ihrer Botschaft durch Außenstehende steuert. Wir interpretieren Gesagtes und Handlung also immer vor dem Hintergrund der Vorstellung, die wir über diese Person haben.

Doch worin besteht die magische Anziehungskraft, die Marken auf uns ausüben? Was können wir von Marken lernen und wie werden wir selber zu einer solchen erfolgreichen Marke?

## Die Magie der Marke

Meine Freundin Maja hatte während Jahren einen großen Wunsch: Sie wollte unbedingt einen Porsche fahren. Als sie schließlich ihre Beratungsfirma für eine stattliche Summe verkaufte, konnte sie sich diesen Traum erfüllen. Ähnlich wie Maja haben viele eine ganz bestimmte Vorstellung vom Auto, das sie fahren möchten. Warum bloß? Ein Auto fährt mich von Basel nach Frankfurt. Jedes Auto leistet dies, wenn es nicht kaputt ist. Warum ist es uns dennoch so wichtig, mit welchem Auto wir reisen?

Diese Frage stelle ich regelmäßig an meinen Workshops. Die Antworten, die ich darauf erhalte, tönen meist ähnlich. «Status», sagen die Teilnehmenden als Erstes, «mit dem Auto trete ich aus der gesellschaftlichen Anonymität heraus und zeige, welchen Lebensstil ich pflege.» Einige beziehen sich auch auf den praktischen Nutzen, den ihr Auto haben soll, oder auf den Sicherheitsaspekt: «Ich habe Kinder und möchte deshalb ein möglichst sicheres und geräumiges Auto.» Ebenfalls häufig genannt werden das schöne Design oder die Freude am schnellen Fahren.

Diese Antworten zeigen: Ein Auto ist viel mehr als bloß ein Fortbewegungsmittel. Es ist zusätzlich Statussymbol, Sportmaschine und Lifestyleobjekt. Es schenkt uns Privatsphäre und Unabhängigkeit, befreit uns von starren Fahrplänen und lärmigen Mitreisenden, macht den Weg zum Ziel. Und genau darauf kommt es an. Wir wollen transportiert sein – aber bitte mit einem guten Gefühl.

Kunden kaufen immer zwei Dinge: die Lösung eines praktischen Problems und ein gutes Gefühl. Dementsprechend machen Marken auch immer ein doppeltes Versprechen: ein funktionales Versprechen einer bestimmten Leistung oder Qualität und ein emotionales Versprechen, welches sich auf Ethik, Werte und die damit verbundenen Gefühle bezieht. Beide Ebenen sind vergleichbar mit einem Eisberg: Die Spitze des Eisbergs entspricht der Funktion, während der Teil unterhalb der Wasseroberfläche für die Emotionen steht.

Das Marketing spricht in diesem Zusammenhang von USP und ESP: Die «Unique Selling Proposition», abgekürzt USP, beschreibt das funktionale Verkaufsargument, also den Teil, der sich oberhalb der Wasseroberfläche befindet, während das emotionale Verkaufsargument, die «Emotional Selling Proposition» oder kurz ESP, den Teil unterhalb der Wasseroberfläche beschreibt.

### Die Emotionen machen den Unterschied

Was jedoch unterscheidet die Marke vom No-Name-Produkt? Die emotionale Verheißung, die sie macht, oder die funktionale Leistung, die sie erbringt? Die Antwort liegt auf der Hand: Die Emotion macht den Unterschied. Je stärker die Gefühlswelt, die eine Marke transportiert, desto größer ihre Anziehungskraft und damit ihre Macht. Zu den attraktivsten und zurzeit in der Werbung aktuellsten Emotionen gehören Liebe, Freude und Lust. Aber auch Individualität, Sicherheit, Freiheit, Ansehen und Freundschaft üben eine große Anziehungskraft aus und helfen, Marken voneinander zu unterscheiden.

Nehmen wir das Beispiel der Automarken Mercedes und BMW. Funktional sind die beiden kaum zu unterscheiden: Beide sind «made in Germany», teuer, schnell und sicher. Dennoch würde ein BMW-Fahrer kaum einen Mercedes kaufen – und umgekehrt. Die unterschiedlichen Emotionen, die mit den beiden Marken verbunden sind, machen aus zwei fast identischen Wagen zwei völlig unterschiedliche Produkte.

Diese Gefühlslogik wird insbesondere von gut ausgebildeten, eher rational funktionierenden Menschen nur schwer verstanden. In den letzten Jahren habe ich immer wieder Marketingkurse für selbstständige Unternehmerinnen und Unternehmer durchgeführt; Menschen, die viel Zeit und Energie in ihre Ausbildung investiert haben und über profunde Fachkenntnisse verfügen. Sie tun sich häufig schwer mit der Aussage, wonach das emotionale Versprechen wichtiger sei als das funktionale. Meist beziehen sie sich auf ihre Kompetenz und Erfahrung oder ihre ausgezeichneten Leistungen und hochwertigen Produkte, welche die Kunden letztlich zu ihnen führten.

In einem Punkt haben sie natürlich recht: Funktionale Leistung und Qualität müssen stimmen, damit das Produkt einen Nutzen stiftet. Ein Auto, das nicht fährt, ist genauso wertlos wie eine Uhr, die nicht läuft, oder ein Schuh ohne Sohle. Leistung und Qualität bilden jedoch nur die Basis, sie allein vermögen die Menschen weder zu begeistern noch langfristig an sich zu binden.

## Marken erfüllen urmenschliche Bedürfnisse

Weshalb hat Barack Obama die parteiinterne Wahl gegen Hillary Clinton für sich entschieden? Rein objektv gesehen war er der schwächere Kandidat: Er war jung, erst seit knapp vier Jahren Senator und hatte kaum außenpolitische Erfahrung vorzuweisen. Dennoch hat er dieses Rennen und schließlich auch die Präsidentschaftswahl für sich entscheiden können. Warum? Weil er die Gefühle der Menschen anspricht, ihre Träume und Wünsche. Weil er ihnen Hoffnung macht auf eine bessere Zukunft und auf ein Amerika, auf das sie stolz sein und das sie lieben können. Das sind die Botschaften, die Präsidenten machen. Einfach, klar und hoch emotional. Nicht die eintönigen Reden über Zahlen und Fakten, die zwar inhaltlich korrekt sind, die Herzen aber kalt lassen.

Nur was uns emotional bewegt, wird von uns überhaupt wahrgenommen; was dagegen keinen emotionalen Wert für uns hat, blenden wir aus. Dies gilt für Menschen genauso wie für Marken. Menschen, die Emotionen auslösen, werden gesehen und finden Beachtung. Menschen dagegen, deren Botschaften uns emotional nicht berühren, nehmen wir nicht wahr.

Haben sich die Wähler dies alles durch den Kopf gehen lassen, als sie den Wahlzettel für Barack Obama in die Urne legten? Hat sich meine Freundin Maja überlegt, welche unbewussten Emotionen sie mit dem Kauf eines Porsches stillen wollte? Wohl kaum. Denn Marken wecken Emotionen, von denen wir uns unbewusst leiten lassen. Und genau in dieser unbewussten psychologischen Gesetzmäßigkeit liegt die Macht der Marke.

Die unbewusste emotionale Bindung, die zwischen einer Marke und ihrer Umwelt entsteht, bezeichne ich als die «Magie der Marke». Die Werbung hat diese psychologische Gesetzmäßigkeit längst entdeckt. Der Cowboy, der in den Sonnenuntergang reitet und sich dabei genussvoll eine Zigarette ansteckt, oder das Mädchen, das auf dem Fahrrad durch ein Weizenfeld fährt, während die Yoghurtgläser im Korb klirren: Marken, die zu ihrem Umfeld eine starke emotionale Bindung aufbauen, können bei ihren Kunden eine innere Verbundenheit, eine Nähe und Vertrautheit schaffen und dadurch einen zentralen Platz in ihrem Leben einnehmen.

Damit erfüllen Marken ein urmenschliches Bedürfnis nach Zugehörigkeit und Abgrenzung zugleich. Indem wir uns mit der Gefühlswelt unserer Lieblingsmarke identifizieren und uns ihr zugehörig fühlen, grenzen wir uns gegenüber jenen ab, die einer anderen Marke den Vorzug geben. Ein Mechanismus, der unseren Selbstwert gleich doppelt stärkt.

**Markenträume und Traummarken**

Starke Marken umgibt ein Mythos, der Sehnsüchte weckt. Marken zelebrieren einen Lifestyle, ein einmaliges, verheißungsvolles Lebensgefühl, dem wir kaum widerstehen können. Dies gelingt auch dem amerikanischen Präsidentenpaar Obama, das sehr bewusst den Lifestyle des amerikanischen Traums zelebriert. Barack und Michelle Obama sind jung, attraktiv und leistungsfähig und bringen alles unter einen Hut: Karriere, Ehe, Kinder. Sie passen perfekt in unsere heutige Zeit der multikulturellen Vernetzung und des Multitasking.

Dies sind die Träume, die starke Marken hervorbringen und der Marke traumhafte Erfolge schenken.

Der Geschäftsführer eines großen Medienhauses benutzte in diesem Zusammenhang einen Begriff, der mir sehr gut gefällt: die Liebesmarke. Er wünsche sich, dass sein Unternehmen zur Liebesmarke der Leserinnen und Leser werde. Denn eine Marke zu kennen sei das eine – sie zu lieben etwas ganz anderes.

## Die neun FAQs zum Self Branding

Für viele Menschen hat der Gedanke, selbst wie eine erfolgreiche Produktmarke bekannt und begehrt zu sein, eine große Anziehungskraft: Marken sind einzigartig, wertvoll und exklusiv. Andere wiederum finden die Vorstellung vom Menschen als Marke anstößig. Ist eine Marke nicht etwas Künstliches, das nur zu Marketingzwecken erschaffen wurde? Will ich mich wirklich wie ein Produkt vermarkten? Ich bin doch keine Ware! Solche und ähnliche Fragen werden mir regelmäßig gestellt. Deshalb gebe ich in diesem Kapitel Antworten auf die «Frequently Asked Questions» – die häufigsten Fragen meiner Kundinnen und Kunden.

### *«So berühmt zu werden wie Barack Obama, das schafft doch selbst die perfekteste Markenstrategie nicht!?»*

Wenn wir an Personenmarken denken, sind wir oft geblendet von Ikonen wie Bill Gates, Roger Federer oder Barack Obama und fragen uns: Wie kann ich je so weit kommen? Die Frage muss anders lauten: Wo möchte ich hin? Was will ich im Leben erreichen? Wofür schlägt mein Herz? In welchem Umfeld kann ich mein Bestes geben?

Sie alleine entscheiden, welche Visionen Sie verfolgen und welche Ziele Sie sich setzen. Sie allein definieren Ihren Markt – und sei er nur eine schmale Nische – und damit das Umfeld, in dem Sie agieren wollen.

Unser Erfolg ist nicht nur abhängig von unseren Talenten und Leidenschaften, sondern auch von unserer Fähigkeit, zu erkennen, welche Tätigkeiten und welches Umfeld zu uns passen. Wer in der Berufswelt Erfolg haben will, muss herausfinden, über welche Ressourcen er verfügt und wo diese optimal eingesetzt werden. Um dies zu erreichen, müssen wir uns selber richtig einschätzen können: Wir müssen wissen, was wir zu bieten haben, und wir müssen selbstkritisch genug sein, unsere Grenzen zu erkennen und sie uns einzugestehen. Wir müssen aber auch ein Urteilsvermögen entwickeln, um unser Umfeld zu beurteilen. Nur indem wir uns selber und unser Umfeld mit der nötigen Distanz betrachten, ist ein passender Fit zwischen uns und unserem Umfeld möglich.

### *«Ich bin ein ganz normaler Typ und habe nichts zu bieten, was die anderen nicht auch haben. Wie kann ich da einzigartig werden?»*

Ich kann Ihnen versichern: Sie sind einzigartig. Denn jede Person besitzt Eigenschaften, die einmalig sind. Schauen Sie sich um: Die Menschen, die Sie sehen, sind alle anders als Sie, sehen anders aus, haben einen anderen persönlichen und beruflichen Hintergrund, verfügen über andere Kenntnisse, andere Erfahrungen. Die Kunst besteht nicht darin, einzigartig zu werden, sondern seine Eigenheiten zu erkennen.

Da unsere Fähigkeiten, Fertigkeiten und charakterlichen Eigenheiten für uns alltäglich sind, nehmen wir sie nicht mehr als etwas Besonderes wahr. Aussagen wie «Das wissen doch sowieso schon alle» oder «Das kann doch jeder» höre ich häufig. Meistens liegen wir damit falsch: Nicht jeder hat den Nerv, eine Tagung mit 500 Gästen zu moderieren, oder das Talent, im richtigen Moment die richtige Frage zu stellen und den Finger auf den wunden Punkt zu halten. Nicht jede kann natürlich und selbstsicher auf Unbekannte zugehen und ein Gespräch beginnen.

Diese Beispiele zeigen: Eigenschaften, die starke Marken ausmachen, müssen nicht zwangsläufig sofort auffallen. Nicht nur die geniale Idee, das einzigartige Talent und der außergewöhnliche Mut versprechen Erfolg. Unsere wertvollsten Eigenschaften finden sich häufig im Kleinen, Verborgenen.

### *«Ist Self Branding nicht Hochstapelei?»*

Viele Menschen glauben, beim Self Branding gehe es darum, sich ein Wunschprofil zu entwerfen, dem man nachleben muss, oder erfolgreiche Persönlichkeiten zu kopieren, um ein ähnliches Ergebnis zu erzielen. Beides ist falsch.

Beim Self Branding geht es nicht darum, etwas vorzugaukeln, was man nicht ist, oder etwas zu versprechen, was man nicht halten kann. Es geht vielmehr darum, seine eigenen Stärken und Leidenschaften besser zu kennen und zu kommunizieren. Ziel ist es, eine Marke zu entwerfen, die Ihre echte Persönlichkeit wiedergibt. Die eigene Authentizität hat oberste Priorität. Doch was ist Authentizität überhaupt?

Als authentisch gilt, wer in Übereinstimmung mit sich selbst, mit seinen innersten Überzeugungen und Werten lebt und aus «ureigenstem» Antrieb handelt. Wir halten einen Menschen für authentisch, der glaubwürdig ist und sich nicht verstellt. Oft wird fälschlicherweise auch ungehobeltes und unbelehrbares Verhalten als «authentisch» verklärt. Der Ausspruch «Ich bin halt so» zeugt jedoch eher von einer Ausrede, denn von Echtheit.

Doch wo beginnt die unechte Fassade, der Bluff? Ob wir authentisch sind oder nicht, erkennen wir an unserem persönlichen Wohlbefinden. Menschen, die innerlich frei sind und sich nicht unentwegt beweisen müssen, fühlen sich wohl in ihrer Haut – und strahlen dies auch aus. Ein unauthentisches Leben dagegen wird unbewusst als Entfremdung wahrgenommen und löst in uns und unserem Umfeld Unbehagen aus.

### *«Self Branding – passt das nicht eher zu CEOs und Top-Managern?»*

Menschen vertrauen Menschen, nicht anonymen Unternehmen. Und das Top-Management ist das Aushängeschild jeder Firma. Eine Wahrheit, die in den letzten Jahren vielen Unternehmen Bauchschmerzen und hohe Verluste gebracht hat.

Dabei geht es auch anders: Peter Spuhler, CEO des Schienenfahrzeugherstellers Stadler Rail, gilt als Familienmensch, der auch bei Geschäftlichem auf Menschlichkeit achtet. Und Ernesto Bertarelli, ehemaliger CEO des Biotech-Unternehmens

Serono und Segelchampion, steht im Ruf, betriebswirtschaftliches Können und finanziellen Erfolg mit Fairness, Großzügigkeit, Loyalität und Mut zu verbinden.

Diese Beispiele zeigen: Wenn eine Führungspersönlichkeit für Integrität und Glaubwürdigkeit steht, profitiert ihr Unternehmen davon; wenn sie hingegen Angst und Misstrauen sät, wirkt sich dies negativ auf die Firma aus.

Dies gilt jedoch nicht nur für die Topshots, sondern auch für normale Angestellte oder Selbstständige. Heutzutage ist so gut wie jedes Business «People's Business». Immer geht es um Menschen, Beziehungen und Kooperation. Egal auf welcher Ebene: Täglich pflegen wir Kontakte und hinterlassen dabei Eindrücke und Spuren. Ist unser Ruf von Glaubwürdigkeit, Ethik und Qualität getragen, profitieren wir sehr direkt davon. Denn nur so strahlen wir Integrität aus, können wir Vertrauen wecken und die Menschen in unserem Umfeld nachhaltig an uns binden.

### *«Ist es nicht zu simpel, Menschen auf ein Markenprofil zu reduzieren?»*

In der Tat: Ein Mensch ist viel mehr als «nur» sein Markenprofil. Ein Mensch ist facettenreich. Er besteht aus Talenten, Fähigkeiten, Wünschen, Ecken und Kanten, Schwächen und Eigenheiten.

Die Marke hat im Gegensatz dazu ein klar geschnittenes Profil und steht für ganz bestimmte Eigenschaften. Um eine starke Marke aufbauen zu können, braucht es einen Fokus: die Konzentration auf wenige zentrale Stärken, Eigenschaften und Emotionen. Die Marke ist eine Vereinfachung und damit auch eine Reduktion. Aber genau darin liegt eine ihrer größten Stärken: Sie ist verständlich, berechenbar und vertrauenswürdig.

Menschen haben die Eigenschaft, andere blitzschnell einzuschätzen und zu kategorisieren. Dies ist ein Trick unseres Gehirns, der uns hilft, Informationen effizient zu verarbeiten, um später schnell wieder darauf zugreifen zu können. Aus diesem Grund sage ich auch nicht, Personen sind Marken. Denn der Mensch ist viel zu komplex, um ihn schnell und dennoch ganzheitlich erfassen zu können. Nein, Personen mit einem klaren Profil haben eine Marke. Denn das Image, das wir von außen wahrnehmen, ist nur ein Teil der gesamten Persönlichkeit.

***«Indem ich mich für ein unverwechselbares Profil oder eine einmalige Marke entscheide, bin ich auf diese festgelegt. Ist das nicht riskant? Was, wenn ich damit keinen Erfolg habe?»***

Ob Spitzensportler, Bestsellerautoren, Starpolitiker oder Top-Manager: Sehr früh in ihrer Karriere entscheiden sie sich für ihren Weg, konzentrieren sich voll auf eine Tätigkeit und setzen ihre ganze Energie auf eine Karte. Ist das ein Risiko? Nicht wirklich. Vielleicht befürchten Sie, weniger Angebote, Anfragen oder Aufträge zu erhalten, wenn Sie sich klar auf ein bestimmtes Profil oder einen bestimmten Bereich fokussieren. Mit dieser Einschätzung liegen Sie jedoch falsch. Denn bevor Sie überhaupt Anfragen und Aufträge erhalten, müssen Sie sich bekannt machen. Und dies fällt Ihnen mit einem schwammigen Profil ungleich schwerer als mit einem klar geschnittenen Profil.

Wie wollen Sie in einer informationsdurchtränkten Welt auf sich aufmerksam machen, wenn Sie nichts Außergewöhnliches zu bieten haben? Wenn Sie in der großen Masse mitschwimmen und das Gleiche machen wie Ihre Konkurrenten?

Wissen Sie, wer aktuell die Nummer 7 im Herrentennis ist? Wahrscheinlich nicht. Denn die meisten von uns kennen die drei Besten, aber wer danach kommt, interessiert niemanden.

Erst wenn Sie sich ein klares Profil erarbeitet und einen Namen gemacht haben, werden die Menschen überhaupt auf Sie aufmerksam und Ihnen Aufgaben übertragen. Erst dann erhalten Sie die Möglichkeit, Ihr Können zu zeigen und weitere Aufträge zu generieren. Ohne Fokus, Profil oder Spezialisierung kommen Sie erst gar nicht so weit. Und das ist ein echtes Risiko!

### *«Ecke ich mit einem klaren Profil nicht eher an?»*

Viele Menschen haben Angst, sich unbeliebt zu machen, wenn sie klar Position beziehen und dezidiert auftreten. Verständlicherweise, denn die meisten Menschen möchten beliebt sein. Es schmerzt, wenn uns jemand kritisiert oder uns offen zeigt, dass er uns nicht mag. Es liegt jedoch in der Natur der Marke, dass sie polarisiert. Es sind uns nicht alle Menschen sympathisch; genauso wenig wie uns alle Marken sympathisch sind. Eine Marke darf nicht Everybody's Darling sein, denn damit untergräbt sie die Kraft ihres Profils: Wer für alle alles sein will, ist für niemanden das Richtige.

Ich kenne einige bekannte Persönlichkeiten, die sich gerade weil sie ein klares Profil haben und Klartext sprechen, einen Namen gemacht haben. Trotzdem fällt es ihnen schwer, mit Kritik umzugehen. Warum bloß? Hätten sie ein schwammiges Profil, würde ihre Meinung zwar nicht angegriffen, sie wären aber auch niemals so prominent. Denn kein Mensch macht sich die Mühe, einem No-Name den Rang abzulaufen.

***«Leute, die sich andauernd mit ihren Stärken profilieren, ernten wenig Sympathie. Muss ich wirklich laufend betonen, was ich alles geleistet habe, um mir einen Namen zu machen?»***

Menschen, die prahlen, mag man nicht besonders, das stimmt. Eine Marke muss aber gar nicht laut sein, damit sie gesehen und gehört wird. Die Markengestaltung und -positionierung, die ich Ihnen in diesem Buch vorschlage, beruht auf der Kombination von vielen einzelnen Maßnahmen, die alle zusammengenommen ein klares Profil Ihrer Person zeichnen: Sie betrifft Ihr Verhalten, Ihre Kontakte, aber auch Ihre Art zu kommunizieren oder sich zu kleiden. Ihr Markenprofil können Sie auf ganz unterschiedliche Weise sichtbar und erlebbar machen, ohne sich ständig ins Rampenlicht zu rücken.

Dennoch gehört ein bisschen Selbstinszenierung dazu. Und warum auch nicht? Sie haben schließlich viel zu bieten. Zeigen Sie dies im Rahmen einer Projektpräsentation, an einer Teamsitzung, in einem Gespräch mit einem potenziellen Kunden oder an einer Rede an der Parteiversammlung. Es ist nicht verboten, sondern im Hinblick auf den Wettbewerb am Arbeitsmarkt sogar durchaus hilfreich, sein Engagement und seine Leistungen stärker in den Vordergrund zu rücken.

***«Emotionen sind für die Gestaltung einer starken Marke wichtig. Es gibt jedoch auch Menschen, deren Image auf negativen Emotionen aufgebaut ist. Ist das im Self Branding erlaubt?»***

Die Unterscheidung in positive und negative Emotionen ist aus der Sicht des Self Brandings irrelevant. Was zählt, ist die Tatsache, dass die Marke Emotionen weckt.

Eine starke Marke auf negativen Emotionen aufzubauen erachte ich jedoch nicht als sinnvoll. Denn ich bin fest davon überzeugt, dass nur eine positive Haltung langfristig als attraktiv wahrgenommen wird und dass nur eine lebensbejahende Haltung auf Dauer zu beruflichem Erfolg und gesellschaftlichem Ansehen führt.

Das Beispiel George W. Bush, von 2001 bis 2009 Präsident der USA, zeigt dies sehr deutlich. Während er zu Beginn seiner Präsidentschaft zunächst mit seinem «Krieg gegen den Terror» großen Erfolg feierte, waren die Menschen seiner Hasstiraden bald überdrüssig. Es reichte ihnen nicht mehr, sich nur am Feindbild zu orientieren, sie wollten wieder eine positive Sicht auf ihr Leben und das Geschehen im Land haben. Und so war George W. Bush am Ende seiner zweiten Amtsperiode einer der unbeliebtesten amerikanischen Präsidenten aller Zeiten.

Personen dagegen, deren Brand auf Ethik und sozialem Engagement aufbaut, die sich kompromisslos für andere Menschen einsetzen und deren Geschichten uns Hoffnung machen, überdauern.

# Mit dieser Marke sind Sie im Trend

Krisen sind immer mit einem Wendepunkt verbunden. Eine Krise stellt bisherige Erfahrungen, Ziele und Werte in Frage. Was früher richtig war, gilt heute nicht mehr oder nur noch begrenzt. Die Orientierung an bekannten Strategien und Verhaltensweisen ist nicht länger möglich: Ratlosigkeit und Unsicherheit machen sich breit und damit das Gefühl der Ohnmacht.

Dennoch ist es gerade in turbulenten Zeiten möglich, die Basis für einen zukünftigen Erfolg zu legen. Dazu müssen wir allerdings wissen, welche Werte die Gesellschaft in der Zukunft prägen, in welche Richtung sich die Arbeitswelt verändert und welche persönlichen Strategien zukünftig Erfolg versprechen.

## Das Jahrhundert der Chancen

Dass sich der Arbeitsmarkt in einem Veränderungsprozess befindet, ist keine neue Erkenntnis. Schon seit Anfang der Neunzigerjahre wissen wir, dass die krisensicheren Jobs und die krisensicheren Firmen nicht mehr existieren. Aber erst jetzt, angesichts der Wucht der Wirtschaftskrise begreifen wir, dass in der Arbeitswelt eine fundamentale Veränderung stattgefunden hat, die nicht mehr rückgängig zu machen ist.

Glaubt man den Zukunfts- und Arbeitsmarktforschern, wird das 21. Jahrhundert jedoch nicht das Jahrhundert der «großen Krise» sein, sondern das Jahrhundert der Chancen, in dem wir zu sinnvollen Werten, nachhaltigem Konsum und motiviertem Arbeiten finden – und alles in allem zu einem besseren, glücklicheren Leben. Denn die Krise ist kein Untergangsszenario, sondern ein Beschleuniger für den längst überfälligen Wandel.

Die kommenden Jahre bieten viel Gestaltungsfreiraum für jeden Einzelnen. Wie kaum je zuvor haben wir die Möglichkeit, unser Leben selber in die Hand zu nehmen und unsere Rollen zu definieren. Die klaren Arbeitsverhältnisse, Strukturen und Hierarchien, die wir aus der Vergangenheit kennen und die unseren Status in der Gesellschaft begründet haben, werden aufgeweicht. Eingefahrene Strukturen verschwinden, ungeschriebene Gesetze geraten außer Kraft, Regeln bröckeln. Eine ausgezeichnete Möglichkeit, unsere Vorstellung einer modernen Lebensgestaltung jenseits des tradierten Macht- und Statusdenkens umzusetzen.

Doch wohin werden sich Gesellschaft und Wirtschaft entwickeln? Wie sieht die Arbeitswelt nach der Krise aus und was bedeutet das für uns Arbeitstätige? Welche Trends lassen sich daraus für das Self Branding ableiten? Wohin bewegt sich die Marke und was macht zukünftig ein attraktives Profil aus?

## Die 12 wichtigsten Trends im Self Branding

Wer in der Arbeitswelt in Zukunft erfolgreich sein will, hat einen starken persönlichen Brand nötiger denn je. Allerdings haben sich die Anforderungen an eine attraktive Marke im Zuge der globalen Wirtschaftskrise verändert. Was früher für die Markengestaltung und -positionierung richtig und wichtig war – und heute teilweise noch ist –, wird in Zukunft nur noch begrenzt stimmen. Einige Richtlinien relativieren sich, während sich andere verschärfen.

Damit steht das Self Branding vor einer Herausforderung: Es soll den wirtschaftlichen und gesellschaftlichen Veränderungen Rechnung tragen und es uns ermöglichen, eine fortschrittliche, zukunftsgerichtete Marke zu gestalten, die auch in turbulenten Zeiten beruflichen Erfolg und persönliche Zufriedenheit schafft.

Im Folgenden zeige ich Ihnen die wichtigsten wirtschaftlichen und gesellschaftlichen Veränderungen, die wir als Folge der globalen Wirtschaftskrise beobachten und die die Gestaltung eines zukunftsgerichteten Profils beeinflussen; welche Auswirkungen diese Veränderungen auf die Gestaltung und Positionierung einer erfolgreichen Marke haben und welche Trends sich daraus für das Self Branding ableiten lassen.

**Trend 1: Blick nach innen statt Orientierung an der Masse**

Vorbei die Zeiten, als Arbeitslosigkeit nur die schlecht Ausgebildeten betroffen hat. Die Arbeitslosen, die heute zur Ausgleichskasse strömen, haben einen Schulabschluss, nicht selten sogar ein Universitätsdiplom, haben sich ständig weitergebildet, fleißig Überstunden gemacht und sich leistungsbewusst ins organisatorische und hierarchische Gefüge ihres Unternehmens eingegliedert. Dennoch bewerben sie sich vergeblich um eine Anstellung. Was haben sie bloß falsch gemacht?

Die Antwort ist ebenso einfach wie ernüchternd. Sie haben Regeln befolgt, die noch vor wenigen Jahren geradezu Gesetzescharakter hatten: Sie haben nach dem Konzept der «Employability» gehandelt, und sie haben geglaubt, dass Fleiß und Anpassung an die Strukturen auf geradem Weg in den Karriereolymp führen. Diese Regeln gelten nicht mehr.

Das Konzept der «Employability» zielt darauf ab, die Erwerbsfähigkeit zu erhalten, indem die eigene Aus- und Weiterbildung an die jeweils aktuellen Erfordernisse des Arbeitsmarktes angepasst wird. Das Konzept geht davon aus, dass diejenigen Personen einen Job haben werden, welche über die «aktuell gefragten» Fertigkeiten, Fähigkeiten und Kompetenzen verfügen, welche sie sich rechtzeitig mittels Bildung angeeignet haben. Dementsprechend wird «lebenslanges Lernen» postuliert als wirksamstes Instrument gegen einen Arbeitsplatzverlust und drohende Arbeitslosigkeit.

Aber was tun, wenn gar nicht mehr absehbar ist, welche Kompetenzen zukünftig gefragt sein werden? Was, wenn sich die Situation und die Anforderungen am Arbeitsmarkt schneller verändern, als eine Ausbildung abgeschlossen ist? Und wenn ein Großteil unseres Wissens sowieso für jedermann online zugänglich ist?

In einer Zeit, in der eine gute Ausbildung, solide Leistungen und konsequente Weiterbildung keinen hinreichenden Schutz vor Arbeitslosigkeit bieten, stößt die «Employability» an ihre Grenzen. Die Fähigkeit, andere von sich und seinen Leistungen zu überzeugen, wird zum Schlüssel des beruflichen Erfolgs. Nur wer sich gegenüber anderen abhebt und in den Augen von Arbeitgebern und Kunden einzigartig ist, wird auch wahrgenommen. Diesen Gedanken greifen die Forscher des Kelkheimer Zukunftsinstituts auf und setzen der «Employability» die «Uniquability» gegenüber. Die Fähigkeit, uns mittels Weiterbildung den veränderten Bedürfnissen von Arbeitsmarkt und Unternehmen anzupassen, wird ergänzt durch die Fähigkeit, einmalig und unverwechselbar zu sein.

Der Fokus verschiebt sich: Nicht mehr die Welt da draußen entscheidet, was wir lernen und wie wir uns verhalten, sondern unser Wertesystem und unsere Neigungen und Fähigkeiten. «Outside in» wird ersetzt durch «inside out»: Orientierung an der Masse durch Orientierung an mir selber.

Das Konzept der «Uniquability» deckt sich mit meinem Verständnis von Self Branding: Beide Konzepte sollen Menschen helfen, einen Unterschied zu machen, etwas zu schaffen, was einem weder Konkurrenten noch Computer streitig machen können. Dabei gehen beide Konzepte weit über den schönen Schein und ein raffiniertes Selbstmarketing hinaus und erfassen den Menschen als Ganzes: mit seiner Geschichte, seiner augenblicklichen Situation und seinen Zukunftsperspektiven.

**Zeitgemäße Marken besitzen ein unverwechselbares Profil**

Die Strategie des «inside out» erfordert eine hervorragende Kenntnis der eigenen Person, die Fähigkeit, für sich selber ein authentisches und unverkennbares Profil zu gestalten, sowie ein starkes Vertrauen in die eigene Kompetenz. Erfolgreiche persönliche Marken blicken deshalb zunächst immer nach innen und fokussieren sich konsequent auf die Essenz der eigenen Person, ihre Werte und Motive. Im Zentrum stehen Fragen wie: Was macht mich einmalig? Welches sind meine größten Stärken? Was mache ich wirklich gerne? Welche Arbeit gibt mir Energie?

### Trend 2: Fortschrittliche und soziale Werte verkörpern

Die Verlockung, in Zeiten von Verunsicherung und Zukunftsangst auf die scheinbar sicheren Werte von früher zurückzugreifen, ist groß. So lässt sich beobachten, dass Großunternehmen in Zeiten der Krise gerne auf Veteranen setzen. Obwohl die Reaktionen von Wirtschaft und Presse auf die Wahl von Routiniers an die Konzernspitze grundsätzlich positiv ausfallen, bleibt fraglich, ob eine Rückwärtsstrategie das Vertrauen in diese Institutionen wiederherstellt.

Der deutsche Zukunftsforscher Matthias Horx plädiert vielmehr dafür, dass wir innovativ sein sollen, wenn wir uns und unsere Leistungen wirklich weiterentwickeln wollen. Dass wir beherzt in die Zukunft schreiten und uns nicht zurückziehen auf traditionelle Werte und Tugenden. Firmen, die zukünftig auf loyale Mitarbeiter zählen wollen, täten demnach gut daran, zeitgemäße Werte zu leben wie Ethik, Toleranz, Authentizität und Weiblichkeit.

Doch nicht nur Firmen, sondern wir alle sind aufgefordert, die Verantwortung für unsere sich ständig wandelnde, lebendige und vielfältige Individualgesellschaft wahrzunehmen, wenn wir für eine moderne Arbeitswelt gerüstet sein wollen. Immaterielle Werte wie Familie, Engagement und Sinnhaftigkeit tragen ebenso zu einem nachhaltigen Brand bei wie Ehrlichkeit und Transparenz. Dank Empathie und Kommunikationsfähigkeit können Probleme, die in der Zusammenarbeit oder der Beziehung entstehen, konstruktiv gelöst werden.

**Zeitgemäße Marken sind gesellschaftlich engagiert**

Die Attraktivität einer Marke bestimmt sich hauptsächlich durch die Werte und Emotionen, die sie vermittelt. Gewinnende Brands stützen sich auf gesellschaftlich orientierte Werte und Emotionen. Gemeinschaft, soziales Engagement, Sinnhaftigkeit und Ehrlichkeit sind zukünftig die Stützpfeiler einer attraktiven Marke.

Oberstes Ziel ist die persönliche und wirtschaftliche Entwicklung aller beteiligten Partner. Im Zentrum steht das «Wir-Gefühl»: Wie kann ich meine Stärken zum Wohle der Gemeinschaft nutzen? Welchen Beitrag kann ich leisten, um benachteiligten Personen zu helfen? Wie lebe ich mehr Menschlichkeit und Nähe?

**Trend 3: Vertrauen wird zur harten Währung**

Vertrauen ist das Schlagwort der heutigen Zeit. Kein Wahlplakat, auf dem nicht um das Vertrauen der Wähler geworben wird, kein Wirtschaftskapitän, der nicht an das Vertrauen der Belegschaft appelliert. Die Liste derjenigen, die Vertrauen einfordern, ließe sich beliebig verlängern. Die schiere Zahl und Dringlichkeit der Appelle vermittelt einen Eindruck davon, welche Bedeutung dem Vertrauen zukommt – und wie schwierig es zu erreichen ist.

Auch für die Marke ist Vertrauen von größter Bedeutung, denn Vertrauen schafft Loyalität: Ist das Vertrauen erst einmal etabliert, bleiben die Kunden der Marke über lange Zeit treu. Ein Vertrauensverlust hingegen, wie ihn viele Wirtschaftsakteure über die letzten Monate erlitten haben, ist fast irreparabel. Doch wie entsteht Vertrauen? Und dürfen wir Vertrauen in der heutigen Zeit überhaupt einfordern?

Beim Gegenüber Vertrauen schaffen kann nur, wer sich selbst vertraut. Ein Mensch, der mit sich umzugehen weiß, weckt die Erwartung, dass er das auch mit anderen kann. Selbstvertrauen wiederum entsteht nur dort, wo ein klar definiertes Selbst ist. Wer nicht so recht weiß, wer oder was er ist, vertraut sich selbst nicht – und kann damit auch keine vertrauensvollen Beziehungen zu anderen aufbauen. Selbstvertrauen und damit auch Vertrauen hängen also eng mit der eigenen Authentizität zusammen.

Neben dem Selbstvertrauen als Basis vertrauensvoller Beziehungen sind eine wohlwollende Haltung dem anderen gegenüber, Gemeinsamkeiten und eine sorgsam gepflegte Beziehung ebenso vertrauensbildend wie das Einhalten von Regeln und Absprachen über einen längeren Zeitraum. Und genau hier liegt unser größtes Problem: Es braucht Ausdauer und Zeit, ehe man weiß, ob man jemandem vertrauen kann. Zeit, die uns in einer mobilen und schnelllebigen Arbeitswelt immer mehr abhanden kommt. Kontakte werden zwangsläufig oberflächlich, und oftmals scheuen wir die Mühe, unser Gegenüber besser kennenzulernen. Hier hilft die Marke, denn sie ist personifiziertes Vertrauen. Bei einer Marke weiß man, was man hat. Und ihr Ruf eilt ihr voraus.

Selbstverständlich dürfen – und können – wir Vertrauen nicht einfordern, weder von unten nach oben noch umgekehrt. Aber wir können Vertrauen schenken, großzügig, jedoch nicht blind. Und wir können darauf vertrauen, dass unser Vertrauen erwidert wird. Wer Vorschussvertrauen gibt, fördert Vertrauen durch Vertrauen. Vertrauen erwirbt man nicht von heute auf morgen. Vertrauen ist eine Frage der Kontinuität und Berechenbarkeit. Damit wird auch klar, wie verloren gegangenes Vertrauen zurückgewonnen werden kann: Nicht mit einer einzigen heroischen Tat, sondern indem wir uns das Vertrauen jeden Tag neu erarbeiten und viele kleine Zeichen setzen: Zeichen des Interesses, Wohlwollens und Vertrauens dem anderen gegenüber.

**Zeitgemäße Marken schenken und schaffen Vertrauen**

In turbulenten Zeiten, wenn Verunsicherung und sogar Angst um sich greifen, wird Vertrauen zu einem der wirksamsten Instrumente für beruflichen Erfolg.

Brands schaffen Vertrauen, indem sie sich auf ihre Essenz fokussieren und diese jederzeit glasklar und unmissverständlich kommunizieren. Das Wissen, unser Profil selbstbestimmt definiert zu haben, schenkt uns die Selbstsicherheit, dieses konsequent und notfalls auch gegen Widerstand und Kritik zu vertreten. Dadurch sind wir berechenbar und schaffen in unse-

rem Umfeld Klarheit, Stabilität und eine Reputation, die uns vorauseilt.
Erfolgreiche Marken schaffen zudem Vertrauen, indem sie selber großzügig Vertrauen schenken, im Wissen, dass dieses zu ihnen zurückfließen wird.

**Trend 4: Mehr Sein als Schein**

Wir wollen uns nicht länger belügen lassen. Die Erfahrungen der letzten Monate und die Enttäuschung über das Verhalten anerkannter Ikonen aus dem Finanz- und Wirtschaftssektor waren zu schmerzhaft, als dass sie schnell wieder in Vergessenheit geraten könnten. Statt auf hehre Worte und Versprechen zu vertrauen, setzen wir deshalb lieber auf Leistung, Substanz und Nachhaltigkeit. «Mehr Sein als Schein», lautet die Devise. Doch welche Leistung ist gefragt und für wen wollen wir sie erbringen?

Wo es viele Möglichkeiten und zu viel Information gibt, ist Einfachheit Trumpf. Leistung muss einfach zu verstehen und einfach zu konsumieren sein und gleich auf den Punkt kommen. Verpackung und Firlefanz waren gestern, heute muss unser Schaffen schlank, agil, schnörkellos und maßgeschneidert sein.

Damit rückt der Kunde wieder in den Vordergrund. Dabei ist «der Kunde» weit mehr als nur die Person, die mir ein Produkt oder eine Leistung abkauft. Jede Person, mit der mich beruflich etwas verbindet, ist ein Kunde oder eine Kundin, der ich meine eigene Person vermarkte. Dies trifft für firmenexterne Kunden wie Lieferanten, Behördenmitglieder oder Medienvertreter genauso zu wie für interne Kunden, beispielsweise Mitarbeiter, Vorgesetzte oder Kollegen.

Dennoch dürfen wir nie vergessen, dass die Leistungserbringung nur eine Seite der Medaille ist, während die andere das geschickte Marketing eben dieser Leistung ist. Doch wie gelingt Selbstmarketing in einer Zeit, in der Werte mehr zählen als der extravagante Auftritt und in der die Forderung nach Zurückhaltung allgegenwärtig ist?

Was wir brauchen, ist eine «neue Bescheidenheit», die zwar um die Bedeutung eines wirkungsvollen Auftritts weiß und diesen beherrscht, die aber gleichzeitig ein Warnsystem eingebaut hat, das vor übertriebener Eitelkeit und Exzessen schützt. Ein Warnsystem, das seinem Umfeld gegenüber achtsam ist, das Selbstreflexion besitzt und eine wohlwollend kritische Haltung einnimmt, das aufmerksam beobachtet und die Empfindungen des Gegenübers wahrnehmen kann – und diese ernst nimmt.

**Zeitgemäße Marken pflegen die «neue Bescheidenheit»**

Die Zeit der schrillen Selbstdarsteller ist vorbei. Auch reine Imagemarken wie Paris Hilton, deren Zweck einzig darin besteht, ihren Brand zu verkaufen, haben ausgedient.

Fortschrittliche Brands richten ihr Denken und Handeln auf ihre internen und externen Kunden aus und konzentrieren sich auf die Leistung, die Qualität und den Mehrwert, den sie bieten. Leistung und gesellschaftlicher Mehrwert gehen Hand in Hand und sind die Eckpfeiler einer nachhaltigen persönlichen Marke. Gefragt sind schlanke Marken mit einem einfachen, aber prägnanten Auftritt. Diese besitzen ein scharf geschnittenes Profil, bringen das Wichtigste sofort auf den Punkt und sind einfach zu verstehen.

> Vom beschriebenen Wandel ist auch das Selbstmarketing betroffen: Es zeichnet sich künftig aus durch eine gesunde Zurückhaltung, die neben einem wirkungsvollen Auftritt eine kritische Selbstreflexion sowie Achtsamkeit gegenüber ihrem Umfeld pflegt.

**Trend 5: Aussteigen aus dem Rattenrennen**

Momentan erhalte ich regelmäßig Coaching-Anfragen von Kunden, die sich zum ersten Mal ernsthafte Gedanken über ihre berufliche Zukunft machen. Häufig sind es Männer und Frauen im Alter zwischen 30 und 45 Jahren, die jahrelang zuverlässig und mehr oder weniger zufrieden gearbeitet haben – und dabei Schritt für Schritt die Karriereleiter emporgestiegen sind. Nachdem sie dieses «Vorwärtskommen» bislang als selbstverständlich angenommen und sich selbst und ihre Arbeit nie infrage gestellt haben, plagen sie plötzlich Zweifel: Wie lange werde ich diese Stelle noch haben? Ist dieser Job überhaupt richtig für mich und will ich tatsächlich weiterhin so arbeiten wie in den letzten Jahren? Kann ich mich in diesem Umfeld auch als Mensch mit meinen Wertvorstellungen und Wünschen entfalten?

Viele Menschen verausgaben sich täglich für Ziele, denen sie tief in ihrem Herzen keinen Sinn abgewinnen können. Die Amerikaner haben dafür einen treffenden Begriff: «Ratrace», das Rattenrennen. Und während wir glauben, für Chef und Unternehmen umso unentbehrlicher zu sein, je schneller wir rennen, desto mehr geraten wir ins Hintertreffen. Denn wer sich nur noch darauf konzentriert, schneller zu sein, mehr zu leisten, länger zu arbeiten, verliert unweigerlich den Bezug zu seinen wertvollsten Ressourcen: seinen Stärken, Gefühlen und Leidenschaften.

Wer keinen Zugang zu seinen inneren Ressourcen hat, wird auch im Job nicht viel leisten können. Wer fremdgesteuert den Aufgaben nachgeht, die wenig Freude, dafür aber reich machen, wer sich mit einer Unternehmenskultur abfindet, in der er sich fehl am Platz fühlt, oder wer sich gedankenlos auf einem Karrierepfad befindet, weil «man das so macht», sollte umdenken. Jetzt sofort.

**Zeitgemäße Marken gestalten sinnstiftende Karrieren**

Eine moderne Karriere basiert auf den eigenen Stärken und Interessen. Im Mittelpunkt steht die persönliche Entwicklung, Freude an der Arbeit und ein erfülltes Leben. Was bereitet Ihnen echte Freude und treibt Sie im Innersten an? Bei welcher Tätigkeit fühlen Sie sich besonders lebendig? Welche Aufgaben geben Ihnen Energie, statt Sie am Abend leer und erschöpft in den Fernsehsessel zu drücken?

Die Beantwortung dieser Fragen ist für die Gestaltung eines gewinnenden Profils elementar. Denn glaubwürdig sind nur die Menschen, die ihren Idealen, Wünschen und Visionen nachleben und ihre Berufslaufbahn so gestalten, dass sie mit ihren persönlichen Bedürfnissen im Einklang steht. Die eine motivierende Lebensvision besitzen, diese tatkräftig verfolgen und für sich und ihre persönliche und berufliche Entwicklung die Verantwortung übernehmen.

**Trend 6: Eigenverantwortlich den Job gestalten**

Noch vor wenigen Jahren galt zwischen Arbeitgebern und Arbeitnehmern ein ungeschriebener Kontrakt: Der Mitarbeiter gab seine Arbeitsleistung, setzte sich nach bestem Wissen und Gewissen ein und blieb dem Unternehmen über lange Zeit treu, häufig ein Leben lang. Die Unternehmen belohnten dies, indem sie den Mitarbeitenden einen Arbeitsplatz zur Verfügung stellten und ihnen ein Auskommen sicherten – auch dies meist ein Leben lang. «Leistung gegen Arbeitsplatzsicherheit» hieß der Deal. Damit haben wir einen großen Teil der Verantwortung für unser Auskommen, unsere berufliche Entwicklung, unsere Gesundheit und Altersvorsorge an die Unternehmen, bei denen wir beschäftigt waren, abgetreten.

Doch Arbeitsplatzsicherheit existiert nicht mehr. Heute tragen wir allein die Verantwortung für unsere Arbeitskraft. Wir müssen sie einsetzen, entwickeln, pflegen und bis ins hohe Alter fit halten. Insofern sind wir keine Arbeitnehmer mehr, sondern sind zu unseren eigenen Arbeitgebern geworden.

Karrierebrüche werden immer häufiger durch Wirtschaftskrisen initiiert. Um in Krisenzeiten flexibler auf Nachfrageschwankungen zu reagieren, stützen sich Firmen in Zukunft vermehrt auf flexible, freie Mitarbeitende, die sie je nach Arbeitsanfall einsetzen. Dadurch haben immer weniger Beschäftigte eine Festanstellung oder arbeiten Vollzeit bei ein und demselben Unternehmen. Die Größe der Kernbelegschaft, also der gut ausgebildeten Fachspezialisten, die das Unternehmen braucht, um sich im Markt zu behaupten, schrumpft, während der Anteil an freien Mitarbeitenden, die sich den Firmen für einzelne Aufgaben oder Projekte anbieten, steigt.

Unter dem Sammelbegriff «New Work» werden eine Vielzahl von Arbeitsformen zusammengefasst, die diesen Veränderungen Rechnung tragen: Patchwork, Portfolio Work oder Project Work, um nur einige zu nennen. Gemeint sind Arbeitsmodelle, bei denen man seinen Lebensunterhalt mit mehreren Jobs verdient, wobei der Mix aus festen Teilzeitjobs und freiberuflichen Dienstleistungen und Projekten auf Honorarbasis individuell zusammengesetzt ist und der Arbeitsanfall variiert. Dabei ist Mehrberuflichkeit keine Frage des Bildungsniveaus oder der Branche und findet sich in der Industrie genauso wie auf dem Bau, in Spitälern oder in der Beratung.

Der Politologe Markus Albers spricht in diesem Zusammenhang von einem Wandel von der Festanstellung zur «Freianstellung», einer Arbeitsform, in der Festangestellte Arbeitszeit und -ort so flexibel einteilen können wie Freiberufler und dadurch die vier Lebensbereiche Arbeit, Beziehungen, Gesundheit und Orientierung sinnvoll ineinander verweben können. Für diese Zugeständnisse der Arbeitgeber haben die «Freiangestellten» das Konzept des Feierabends aufgegeben, sind hochflexibel und so gut wie immer erreichbar.

**Zeitgemäße Marken verbinden Stabilität mit Flexibilität**

Menschen, die sich größtenteils selber organisieren, die ihre verschiedenen Aufgaben und Projekte selber akquirieren und immer wieder neue Arbeitgeber von ihrem Können überzeugen müssen, brauchen vor allem eines: ein klar geschnittenes Profil, das auf den ersten Blick überzeugt, Vertrauen weckt und die Kunden langfristig an sich bindet.

Stabilität und Veränderungsfähigkeit sind für eine erfolgreiche Karriere entscheidend. In Zeiten des Wandels muss das Self Branding den Spagat schaffen zwischen anhaltender Veränderung und einer klar geschnittenen, stabilen und vertrauenswürdigen persönlichen Marke. Die Kompetenz einer erfolgreichen Marke besteht somit darin, sich zu (er)kennen und das eigene Ich als stabile, zuverlässige Basis zu etablieren, auf der authentisches Handeln auch in turbulenten Zeiten möglich ist und die alle notwendigen Anpassungen tragen kann.

**Trend 7: Wunsch nach Selbstständigkeit**

Das Kelkheimer Zukunftsinstitut prägte im Zusammenhang mit den neuen Arbeitsformen den Begriff der Creative Economy, einer neuen Arbeitskultur, die von Selbstverantwortung, Kreativität und Wandel geprägt ist. Mit der Creative Economy stehe eine neue Ära vor der Tür, die durch grundlegend andere Werthaltungen, Glaubenssätze und Strukturen gekennzeichnet sein wird als die Industrie- und Wissensgesellschaft.

Das Anhäufen von Materiellem, die Sucht nach Status und Macht – das war gestern. In der Creative Economy werden materielle Statussymbole wie der Firmenwagen, die Villa oder Luxusferien ersetzt durch immaterielle Statussymbole wie Arbeitssinn, Authentizität und Zeitsouveränität. Alles, was Lebensqualität und -freude bietet und Genuss verschafft, wird zum attraktiven Ziel und im Vordergrund unseres Strebens stehen. Dabei verwischen die Trennlinien zwischen Arbeit und Freizeit: Arbeits- und Berufsleben werden nicht mehr als Nebeneinander und auf Kosten voneinander verstanden, sondern bilden ein ganzheitliches Lebenskonzept.

Hauptakteure in der Creative Economy sind die Kreativarbeiter. Dabei umfasst der Begriff der Kreativität nicht nur die klassischen «kreativen» Berufe wie Werbetexter, Modeschöpfer oder Softwareentwickler, sondern auch Berater, Rechtsanwälte und Ingenieure. Ihnen gemeinsam ist, dass sie ganz oder teilweise selbstständig arbeiten, ihr Schicksal in die eigenen Hände nehmen und mehr Wert auf Selbstständigkeit und persönliche Freundschaften legen denn auf Status und Macht.

Kreativarbeiter sind moderne Nomaden: Sie verstehen sich als eigenverantwortliche Manager ihrer Fähigkeiten und Talente und verfügen nicht nur über große zeitliche, räumliche, inhaltliche und organisatorische Flexibilität, sondern auch über eine innere Freiheit, ihr Job-Portfolio nach ihren Stärken und Leidenschaften zu gestalten.

In ihrem Buch «Wir nennen es Arbeit» beschreiben Holm Friebe und Sascha Lobo eine besondere Art von Kreativarbeitern: die digitale Bohème. Ähnlich wie die Bohème des 19. und 20. Jahrhunderts verstehen sich auch die Vertreter der digitalen Bohème als intelligente Menschen, die ihr Leben und Arbeiten authentischer, eigenständiger und weniger entfremdet gestalten, wobei der Wunsch nach Identitätsfindung, Selbstverwirklichung und kreativer Freiheit eine wichtige Rolle spielt. Eine Haltung, welche die Selbstständigkeit als sinnvollste – im Sinne von sinnstiftendste – Beschäftigungsart versteht.

Da aber auch die Akteure der Creative Economy nicht nur von Luft und Kreativität lebt, unterscheiden sie zwischen «Brotjobs» und «Kuchenjobs»: Brotjobs bezahlen die Miete und decken den täglichen Bedarf. Ein Brotjob kann beispielsweise eine feste Teilzeitanstellung sein, ein befristetes Projekt oder ein Aushilfsjob in der Gastronomie. Kuchenjobs dagegen sind Tätigkeiten, die beruflich herausfordern, Spaß machen und interessante Kontakte schaffen.

Kreativarbeiter balancieren also ihre Tätigkeiten nach ihren materiellen Bedürfnissen und persönlichen Interessen aus und nehmen dafür unregelmäßiges Einkommen in Kauf. Die verschiedenen Erwerbsquellen stellen sicher, dass man die Miete auch dann noch bezahlen kann, wenn der Teilzeitjob gekündigt wird oder die Aufträge ausbleiben.

Der beschriebenen Flexibilisierung zum Trotz hat das alte Arbeitssystem nicht von heute auf morgen ausgedient. Die Klassiker «Festanstellung» und «hierarchische Karriere» wird es weiterhin geben. Die Transformation vom lebenslang Angestellten zum selbstständigen Lebensunternehmer hat gerade erst begonnen. Heute sind rund 15 Prozent der Erwerbstätigen Kreativarbeiter, ein Arbeitsstil, der viel Potenzial besitzt und sich in den nächsten 20 Jahren zum Mainstream entwickeln könnte. Das eine schließt das andere jedoch nicht aus. Es könnte durchaus sein, dass sich das klassische Karriere-, Hierarchie- und Statusdenken in einigen Bereichen weiter verstärkt und es zu einer Polarisierung zwischen den Arbeitsmodellen «klassische Karriere» und «New Work» kommt.

Unterschiedliche und zum Teil gegenläufige Trends sind möglich, ein Absolutheitsanspruch der neuen Arbeitsformen wäre sicherlich fehl am Platz.

**Zeitgemäße Marken wissen, was sie wollen**

Menschen, welche die Chancen der Creative Economy zu ihren Gunsten nutzen, sind selbstbestimmt und übernehmen die Verantwortung für sich, ihr Arbeiten und Leben: Sie kennen ihr Ziel und wissen, welche Leistungen sie erbringen und mit welchen Menschen sie zusammenarbeiten wollen. Um sich zwischen den verschiedenen Jobs nicht zu verzetteln, setzen sie klare Prioritäten, die sie mit Nachdruck verfolgen. Dabei verlieren sie die Aufgaben, die ihnen echte Freude und Befriedigung schenken, nie aus den Augen. Sie sagen selbstbewusst

«Nein!» zu Projekten oder Kunden, die nicht ihrem Markenprofil entsprechen.
Im Wissen, dass ihr Erfolg letztlich von ihrer Leistungsfähigkeit abhängt, pflegen sie zudem einen bewussten Lebensstil und übernehmen Verantwortung für ihre Gesundheit und Ressourcen.

**Trend 8: Mit Unsicherheit leben**

Die Krise und ihre Folgen zeigen, dass wir alle, ob selbstständig, angestellt oder irgendwo dazwischen, die Verantwortung für unser Leben und Arbeiten übernehmen müssen, dass wir aktiv und kreativ unsere Berufsbiografie gestalten und diese immer wieder neu und modular nach unseren individuellen Bedürfnissen zusammenstellen müssen.

So faszinierend dies für viele klingen mag, es hat auch Schattenseiten. New Worker haben eine geringe finanzielle Absicherung, ungleichmäßige Arbeitsauslastung und leben stets mit der Unsicherheit, ob sie auch im nächsten halben Jahr noch genügend Aufträge haben. «Prekär beschäftigt» nennt sich diese Arbeitsform, da sie in vielen Fällen nicht nur ein niedriges Einkommen mit sich bringt, sondern zusätzlich geprägt ist von Unsicherheit, da die Lebensverhältnisse instabil sind und sich jederzeit ändern können.

Es wird Menschen geben, die sich in dieser neuen Arbeitslandschaft zurechtfinden, die auf der Gewinnerseite stehen, sei dies nun durch eigenes Zutun oder weil sie das Glück hatten, zur rechten Zeit am rechten Ort zu sein. Auf der anderen Seite wird es aber auch Verlierer geben, die trotz großer Anstrengungen keine neue Arbeitsstelle finden, die als Freiberufler nicht die nötigen Aufträge generieren und durch das Netz der sozialen Absicherung fallen.

Wir dürfen also erwarten, dass sich die Schere zwischen Gewinnern und Verlierern weitet. Einerseits die Talentierten, Kreativen, Unabhängigen mit Potenzial, Optionen und gutem Einkommen, welche die sich bietende Freiheit und Autonomie nutzen und ihre Ressourcen gewinnbringend einsetzen können. Andererseits die Menschen, die Mühe haben, mit einer immer komplexer werdenden Welt fertig zu werden, und die Individualisierung und Freiheit gleichsetzen mit Einsamkeit, Überforderung und Stress. Wichtigste Grundvoraussetzung für ein Lebens- und Arbeitsmodell, wie es die Creative Economy fordert, ist deshalb die Fähigkeit, ein gewisses Maß an Existenz- und Zukunftsangst auszuhalten.

**Zeitgemäße Marken schaffen Sicherheit**

Starke Marken sind sich ihres Wertes bewusst. Durch ihre Einzigartigkeit und Präsenz haben sie sich einen Namen gemacht – und dürfen dementsprechend mit regelmäßigen Aufträgen rechnen.

Allerdings ist ihnen bewusst, dass ihr Erfolg nicht allein von ihnen abhängt, sondern dass auch die Wahl des passenden Umfelds ein wesentlicher Baustein des beruflichen Erfolges ist. Da sie sich selbst gut kennen, wissen sie, in welchem Umfeld sie Höchstleistungen erbringen können und wo sie sich wohl fühlen. Sie kennen den Stellenwert, den sie der finanziellen Absicherung einräumen, und wählen bewusst die Beschäftigungsform, die ihren Bedürfnissen entspricht.

**Trend 9: Wunsch nach Selbstwirksamkeit**

Krisen haben etwas Heilendes. Sie lassen uns innehalten und nachdenken über die falschen Götter, von denen wir uns haben verführen lassen, und darüber, was für uns im Leben wirklich zählt. In der Krise können wir uns wiederentdecken und Verschüttetes an die Oberfläche bringen.

Die Begeisterung für einen «grünen Lifestyle» zeigt diesen Trend: Wir kochen, stricken und tapezieren wieder selber, wir werkeln im Keller, im Garten, im Dachstock. Baumärkte und Gartencenter haben Hochkonjunktur, und im Fernsehen buhlen Kochshows um Zuschauer. Handwerk ist wieder «in», Michelle Obama macht es vor. Als sie letzten Sommer einen Teil des Gartens vor dem Weißen Haus bepflanzte, gingen die Fotos um die Welt: Seht her, die First Lady der USA scheut sich nicht, mit den Händen im Dreck zu graben, sie ist naturverbunden, achtet auf gesunde Ernährung, ist fleißig und bescheiden.

Eine der treibenden Kräfte hinter diesem Verhalten ist unser Wunsch nach Selbstwirksamkeit. Wir wollen wieder etwas gestalten und erschaffen, wollen das Gefühl haben, dass wir durch unser Engagement etwas bewirken können. Zu lange schon sind wir unserer Arbeit entfremdet, sind ein kleines Rad in einem riesigen Wirtschaftsapparat, den wir schon lange nicht mehr überblicken. Unsere Arbeitsleistung ist abhängig von einer Vielzahl von Faktoren, die wir nicht beeinflussen können und die uns das Gefühl geben, fremdbestimmt zu sein und kaum Einfluss auf unsere Arbeit und die erzielten Resultate zu haben.

**Zeitgemäße Marken setzen auf Ziele, die Erfolg versprechen**
Self Branding erhöht unsere Selbstwirksamkeit, indem es uns hilft, ein attraktives Ziel zu setzen und dieses über die Arbeit an uns selbst nach einiger Zeit zu erreichen. Dies gelingt jedoch nur, wenn unser Ziel uns ganz und gar am Herzen liegt und uns «von innen heraus» motiviert. Es sollte auch unseren Stärken entsprechen und mit einem realistischen Aufwand erreichbar sein. Außerdem muss unser Umfeld, das heißt die Strukturen, in denen wir uns bewegen, und die Menschen, mit denen wir zusammenarbeiten, eine Zielerreichung auch tatsächlich zulassen.
Dabei helfen folgende Fragen: Wofür brenne ich innerlich? Sind meine Ziele realistisch? Kann ich bei der Zielverfolgung auf meinen Stärken aufbauen? Wer unterstützt mich dabei? Welches Umfeld macht mich stark?

### Trend 10: Erfolgsfaktor Internet

Ein Leben und Arbeiten in der Creative Economy ist nur dank moderner Kommunikationsmedien und insbesondere dank dem Internet als Schlüsseltechnologie möglich. Diese bilden das Fundament für die Emanzipation des Arbeitnehmers von Raum und Zeit. Das Web 2.0, welches eine interaktive Nutzung und Vernetzung erlaubt, ist kein vorübergehender Medienhype, sondern der Vorhof zu einer neuen Konsum-, Geschäfts- und Kommunikationskultur. So entscheiden denn immer weniger Ausbildung und Hierarchiestufe über den beruflichen und sozialen Erfolg als vielmehr, ob jemand die Mechanismen des Internets und ihrer Nutzer im Griff hat.

Erfolgreich ist in der neuen Arbeitswelt nur, wer über ein tragfähiges soziales Netzwerk verfügt. Informationsaustausch und Unterstützung, Zugang zu unterschiedlichsten Kompetenzen, Empfehlungen und Referenzen von Dritten eröffnen sich mir nur, wenn ich die Person hinter dem Namen kenne oder zumindest einmal mit ihr Kontakt hatte – sei es real oder auch nur virtuell.

Um die 120 Millionen User wählen sich täglich in das Kontaktnetz Facebook ein, bei MySpace sind es nochmals so viele. Dies sind neben Jugendlichen auch immer häufiger Erwachsene, darunter nicht wenige, die die Plattform für ihre Selbst-PR nutzen: Models, Künstler oder Sportler genauso wie Politiker, Manager und Selbstständige.

Unser sozialer Status bestimmt sich zunehmend anhand der «Friends», «Kontakte» und «Followers», die sich auf Facebook, Twitter, Xing und Co. mit uns verlinken. Die digitale Reputation wird im Berufs- wie im Privatleben zur Messlatte; und die Art und Weise, wie wir uns in den Onlinemedien und auf virtuellen Kontaktplattformen präsentieren, bestimmt über diese Reputation.

Barack Obama war der erste Politiker, der die Macht des Worldwide Web geschickt und äußerst erfolgreich für seine Karriere genutzt hat. Er wurde zum allgegenwärtigen Kandidaten, der den Dialog sucht und dank dem modernen Image, das ihm seine Medienkompetenz verleiht, zur Identifikationsfigur gerade der jungen Generation avanciert. Wie man später herausfand, stand ihm dabei der 26-jährige Mitbegründer von Facebook, Charles Hughes, zur Seite. Experten meinen, eine politische Karriere sei künftig ohne eine professionelle und extensive Nutzung der Onlinemedien und Kontaktnetze nicht mehr möglich.

Dies gilt genauso für eine Vielzahl anderer Betätigungsfelder. Moderne Pop-Karrieren beispielsweise entstehen im Internet – ohne Plattenvertrag und Agent, dafür aber mit den richtigen Onlinekontakten und der Möglichkeit, seine Werke kostenlos einem Millionenpublikum zu präsentieren. Egal ob aus der Provinz oder der Weltstadt: Im Internet haben alle die gleichen Chancen, ihre Geschäftsideen zu präsentieren.

Allerdings stehen Online-Kontaktnetze vor dem Problem, dass sie mit dem «Kleine-Welt-Phänomen», nach dem jeder jeden um ein paar Ecken herum kennt, zwar viele Interessierte anlocken, aber gerade die wichtigen und einflussreichen Persönlichkeiten fernhalten. Denn diese werden mit Anfragen überhäuft, ohne selbst einen entsprechenden Nutzen für sich herausziehen zu können. So bilden sich immer mehr einflussreiche Plattformen, die sich elitär geben und potenziellen Mitgliedern den Zugang erschweren oder verweigern. Was auf die traditionellen Serviceclubs wie Rotary oder Lions zutrifft, hält also auch im virtuellen Bereich Einzug. Setzt sich dieser Trend fort, wird nicht mehr die Zugehörigkeit zur großen Masse hip und erfolgversprechend sein, sondern die Exklusivität geschlossener Privatnetze.

**Zeitgemäße Marken beherrschen das virtuelle Networking**
Menschen vertrauen auf soziale «Medien» wie Freunde und Bekannte. Die Informationsbeschaffung und der Dialog auf Online-Plattformen werden dabei immer wichtiger; persönliche und digitale Kommunikation verschmelzen. Soziale Anschlüsse, Offenheit, Neugierde und die Fähigkeit, sich in virtuellen Kontaktnetzen zu bewegen und mit einem gewinnenden Image zu positionieren, sind zentrale Erfolgsfaktoren eines zeitgemäßen Profils.

Erfolgreiche Marken gehen beim Networking zielgerichtet vor: Sie kennen die vielfältigen Möglichkeiten, welche das Internet ihnen bietet und konzentrieren sich auf die Angebote, die für ihr Geschäft relevant sind. Sie berücksichtigen, dass es nicht auf die Menge an Kontakten ankommt, sondern auf deren Qualität; entsprechend überlegt und wählerisch gehen sie bei der Gestaltung ihres persönlichen Netzwerkes vor. Sie wissen, was den karrierefördernden Auftritt ausmacht und wo die Fettnäpfchen und Stolpersteine verborgen sind. Schließlich sind sie fähig, aus virtuellen Kontakten Vorteile für sich und ihre berufliche Situation zu generieren.

**Trend 11: Die Wirtschaft wird weiblich**

Nach dem Crash auf den Finanzmärkten wurden immer mehr Stimmen laut, die die Finanzgeschäfte in Frauenhände legen wollten. Doch verfolgen Frauen tatsächlich andere Werte als Männer und handeln sie deswegen nachhaltiger?

Halla Tómasdóttir, ehemalige isländische Top-Bankerin, erzählt in einem Zeitungsinterview ihren Werdegang: «Ich konnte mich mit einer Kultur, in der man Risiken einging, allein getrieben vom Gedanken an eine hohe Rendite, immer den nächsten gewinnträchtigen Deal im Blick, immer weniger identifizieren. Meine feminine Seite blieb auf der Strecke.» Aus diesem Grund hat sie ein Finanzunternehmen gegründet, das sich ganz den «weiblichen» Werten wie Loyalität, Gemeinschaftsgefühl, nachbarschaftliche Hilfe und Fürsorge verschrieben hat.

Mit ihrem Wunsch, auch im Business vermehrt weibliche Werte leben zu können, ist Halla Tómasdóttir nicht allein. Der Wunsch, Job und Familie unter einen Hut zu bringen und neben einem erfüllten Familienleben auch eine interessante und befriedigende Erwerbsarbeit zu haben, ist für viele Frauen wichtiger als ein lukrativer Job. Catherine Mühlemann, Chefin des privaten Musikfernsehsenders MTV Central Europe, hat diesen Job nach sieben erfolgreichen Jahren aufgegeben. Begründung: Sie wolle mehr Zeit für ihre Kinder haben und ihr Fachwissen als Medienunternehmerin weitergeben.

Solche Beispiele gibt es einige: Frauen, die es in traditionellen Konzernstrukturen bis ganz nach oben geschafft haben, kündigen ihren Job, weil die bestehenden Arbeitsstrukturen nicht ihren Vorstellungen entsprechen. Sie definieren «beruflichen Erfolg» nicht nach dem vorherrschenden Raster einer männlich dominierten Arbeitswelt, sondern suchen einen authentischen Erfolg, der sie tief in ihrem Innern zufriedenstellt. Nicht nur Lohnarbeit soll darin ihren Platz finden, sondern auch Familienarbeit, Projekte mit gesellschaftlichem Nutzen oder Tätigkeiten, die einfach nur Spaß machen.

Frauen verfügen über «Beziehungsintelligenz», das heißt, sie sind gute Kommunikatorinnen, denken vernetzt, legen Wert auf Kooperation und ziehen andere in Entscheidungen mit ein. Sie können verschiedene Arbeiten parallel ausführen, ohne den Blick auf das Ganze zu verlieren. Sie sind skeptisch, was das eigene Wissen angeht, hinterfragen permanent ihre Leistungen und suchen kreative Wege, diese zu verbessern. Sie hinterfragen sich und ihre Entscheidungen und stellen die wichtigen und nötigen Fragen. Sie sind hochqualifiziert, wissbegierig und ständig bereit, Neues zu lernen und sich zu verbessern. Sie sind flexibel und fähig, sich auf verschiedene Arbeitskontexte einzustellen und sich an veränderte Rahmenbedingungen anzupassen.

Stärker als Männer sehen Frauen die Notwendigkeit, sozial und nachhaltig zu denken und zu handeln: Sie setzen sich ein für die Gemeinschaft, für Behinderte, arme oder alte Menschen und stellen sich öfters die Frage: «Wie überlassen wir diese Welt eines Tages unseren Kindern?» Auch in finanziellen Belangen handeln Frauen umsichtiger als Männer. Beim Schritt in die Selbstständigkeit sind sie kostenbewusst: Sie beginnen typischerweise klein, als Einzelmasken im Home Office und halten sich bei größeren Anschaffungen zurück.

Es scheint, als bringen Frauen alles mit, was das neue Arbeitszeitalter verlangt. Alles? Nicht ganz. Woran es Frauen mangelt, ist ein Bewusstsein für ihren Wert auf dem Arbeitsmarkt und die Fähigkeit, sich aus dem Gefühl der Stärke heraus selbstbewusst zu positionieren. Frauen müssen lernen, stolz zu sein auf das, was sie beruflich und in ihrem Leben bereits geleistet haben und was sie aktuell leisten. Sie müssen lernen, ihre Erfolgsgeschichten mit Stolz zu erzählen, statt sie vor sich und anderen bescheiden unter den Tisch zu wischen. Mit anderen Worten: Frauen müssen lernen, sich selbst und ihre Leistungen besser zu vermarkten.

**Zeitgemäße Marken leben Weiblichkeit**

Moderne Marken verkörpern weibliche Werte wie Kooperation, Flexibilität und Nachhaltigkeit. Sie handeln im Bewusstsein, dass zu einer erfolgreichen Lebensführung mehr gehört als beruflicher Erfolg. Sie verbinden Versorgung mit Fürsorge und leben eine ausgewogene Rollenteilung der Geschlechter.

Starke Frauenmarken wissen um die Bedeutung einer professionellen Selbst-PR: Sie profitieren von den Vorzügen, die sie auf dem Arbeitsmarkt besitzen, und vermarkten sich und ihre Leistungen aktiv. Sie pflegen eine «gesunde Unbescheidenheit», die ihre Leistungen effizient in den Vordergrund rückt und sichtbar macht.

### Trend 12: Das Ende des Jugendwahns

Ein starker Brand wird in Zukunft nicht nur für die jüngeren Generationen wichtig sein, sondern auch für die über 60-Jährigen. Als Folge des demografischen Wandels werden immer mehr Menschen auch nach der Pensionierung weiter im Erwerbsleben bleiben. Dies macht nicht nur vor dem Hintergrund einer drohenden Verknappung der Arbeitskräfte Sinn, sondern auch wegen des zunehmenden Alters der Bevölkerung. Das Statistische Bundesamt Deutschland rechnet im Jahr 2050 bei den Männern mit einer Lebenserwartung von 83,5 Jahren, bei den Frauen von 88 Jahren, die Lebenserwartung beträgt also rund 20 verbleibende Lebensjahre über das Rentenalter hinaus. Gleichzeitig wird die Zahl der Jugendlichen weiter sinken und damit auch das Reservoir an zukünftigen Erwerbsfähigen.

Nicht nur die Werbung muss sich vom Jugendwahn verabschieden, sondern auch die Wirtschaft, will sie auch in Zukunft noch über genügend qualifizierte Arbeitskräfte verfügen.

Die «Silver Ager» haben ein ganz anderes Verständnis vom «Altsein», als unsere Großeltern es noch hatten. Das Alter will aktiv genutzt sein, soll Spaß machen und Erfüllung bringen. Wer mit Kopf und Körper etwas leistet, bleibt länger jung. Das zeigen Beispiele bekannter Persönlichkeiten, die selbst im hohen Alter noch aktiv sind. Nelson Mandela, der kürzlich seinen neunzigsten Geburtstag feierte, hält immer noch regelmäßig Reden – und dies, obwohl er 27 kräftezehrende Jahre im Gefängnis verbracht hat. Sprühende Energie und kein bisschen Müdigkeit zeigt auch Rocklegende Tina Turner, die mit 70 Jahren auf ihren Konzerten fitter wirkt als ihre jungen Tänzerinnen.

Für viele Leute ist Arbeit ein wesentlicher Baustein zu einem erfüllten Leben. Warum also nicht noch einige Jahre weiterarbeiten, vielleicht mit einem reduzierten Pensum?

Die Fitness, die viele Menschen auch im Alter noch besitzen, hängt nicht zuletzt mit den strukturellen Veränderungen der Wirtschaft und dem Wandel von einer Agrar- und Industrie- zu einer Dienstleistungs- und Wissensgesellschaft zusammen. Wer den größten Teil seiner Arbeit an Schreibtisch und Computer verbringt und sich nebenbei fit hält, hat auch im Alter noch etwas zu bieten. Dementsprechend gilt es, diese Fähigkeit zu erhalten, sich auf dem firmeninternen oder -externen Arbeitsmarkt gewinnend zu positionieren, andere von sich zu überzeugen und so auch weiterhin für attraktive Aufgaben und Projekte herangezogen zu werden.

**Zeitgemäße Marken kennen kein Alter**

Immer häufiger geht die Berufstätigkeit mit 66 Jahren weiter und mit ihr die Notwendigkeit, sich auf dem Arbeitsmarkt mit einem gewinnenden Profil zu positionieren. Was haben «alte» Marken zu bieten, was den Jungen fehlt?

Natürlich gibt es auf diese Frage keine abschließende Antwort, da Marken so individuell sind wie ihre Trägerinnen und Träger. Dennoch unterscheiden sich «alte Marken» von «jungen Marken» in einigen wesentlichen Punkten: Mit dem Alter gewinnen berufliche Erfahrung und Lebenserfahrung an Gewicht. Beide schaffen Glaubwürdigkeit und Vertrauen: Eigenschaften, die für zeitgemäße Marken unabdingbar sind. Mit der Erfahrung geht auch eine gewisse «Abgeklärtheit» einher, die Gewissheit, dass es für die meisten Probleme auch Lösungen gibt. Zudem bewegen sie sich außerhalb von Wettbewerb, Positionen und Karrieren, was ihnen Handlungsspielraum und größere Freiheiten verschafft.

**Welche Trends entsprechen Ihnen am besten?**

Ich lade Sie ein, liebe Leserin und lieber Leser, sich mit Ihren Neigungen, Stärken und Leidenschaften in dieser «Trendlandschaft» zu positionieren. Was bedeuten die genannten wirtschaftlichen und gesellschaftlichen Veränderungen für Sie persönlich? Welche Schlüsse ziehen Sie daraus für Ihre berufliche Tätigkeit und Ihre Karriere? Wo sehen Sie Handlungsbedarf in Bezug auf Ihre Marke und Ihre Positionierung?

Die Markengestaltung und -positionierung, durch die ich Sie in den folgenden Kapiteln führe, berücksichtigt die oben vorgestellten Veränderungen und Trends. Damit wird es Ihnen gelingen, eine fortschrittliche und zukunftsweisende Marke zu gestalten, die Ihnen über lange Zeit Befriedigung und Orientierung schenken wird.

Falls Sie nun zum Schluss kommen, dass Sie durchaus etwas für Ihr Profil und Image tun können, um Ihre Karriere voranzutreiben und beruflich noch erfolgreicher zu werden, lesen Sie weiter. Es lohnt sich.

# Werden auch Sie zur starken Marke

Das Konzept des Self Branding kommt ursprünglich aus dem angelsächsischen Raum und erfreut sich vor allem in den USA großer Beliebtheit. Dort ist die Gestaltung einer Marke für die eigene Person bekannt unter dem Begriff «Personal Branding». In der englischen Literatur steht die Idee im Vordergrund, dass bekannte Marken wertvoller und teurer sind als No-Name-Produkte und dass die Menschen, die für sich ein solches Profil und eine Bekanntheit aufbauen, eine höhere Entlöhnung erhalten.

Bekannte Marken sind in der Tat wertvoller. Das bedeutet, dass sie einen höheren Preis haben. Eine einfache Logik, die wir täglich beim Einkaufen beobachten. Für mich steht der Aspekt, dass mit einem Brand auch mehr Geld zu verdienen ist, nicht im Zentrum. Viel bedeutender scheint mir die persönliche Zufriedenheit, die mit der Erarbeitung eines klaren Profils und der Gestaltung einer überzeugenden Positionierung verbunden ist. Ich bin überzeugt, dass Menschen, die sich Gedanken über ihre Wünsche und Ziele machen, die ihr Handeln ihren innersten Wünschen entsprechend gestalten, glücklicher und zufriedener sind – und damit auch erfolgreicher.

Beruflicher Erfolg ist nicht die Voraussetzung für Selbstbewusstsein und persönliche Zufriedenheit, sondern umgekehrt: Selbstwertgefühl und innere Ausgeglichenheit schaffen ein engagiertes Verhalten, das zu beruflichem Erfolg führt.

### Authentizität statt Extravaganz

Self Branding, wie ich es verstehe, beginnt bei uns selber, bei unseren größten Stärken, wichtigsten Werten und Leidenschaften. Zuerst steht immer der Blick nach innen: auf unsere Ressourcen und auf das, was uns als Person ausmacht. Damit hebt es sich deutlich ab von Konzepten, bei denen es darum geht, sich «immer wieder neu zu erfinden», Markenentertainment zu betreiben oder besonders ausgefallene, um jeden Preis auffällige oder spaßige Marken zu gestalten.

Will meine Marke glaubwürdig sein, muss sie mir entsprechen. Kein Mensch hat die Energie, jahrelang ein Image aufrechtzuerhalten, das nicht seiner Persönlichkeit entspricht. Die amerikanische Popsängerin Pink kommt vor allem auch daher so authentisch rüber, weil sie als Person genau so rebellisch ist, wie wir sie als Künstlerin erleben. Vielleicht gibt sie sich bei öffentlichen Auftritten etwas überdrehter als privat, aber eine völlig andere Person ist sie deswegen nicht. Genauso wenig wie der deutsche Komiker Hape Kerkeling, der mit seinem Reisebericht über den Jakobsweg einen Bestseller landete, in Wirklichkeit ein unzufriedener, griesgrämiger Mensch ist. Und das ist auch gut so. Denn nur mit einem authentischen Profil können beide ihre Stärken ausleben.

Doch in diesem Buch geht es nicht darum, eine Marke im Showbusiness zu werden, sondern in der Arbeitswelt. Hier zählt nicht Extravaganz und Auffälligkeit um jeden Preis, sondern es geht um Marken, die zu ihren Besitzern passen, in denen sie sich wiedererkennen und in denen sie aufleben können; Marken, mit denen sie sich wohl fühlen, die sie motivieren, täglich an sich selber und ihrem Auftritt zu arbeiten; Marken, die darin unterstützen, in einer zeitgemäßen, professionellen Berufswelt persönliche Befriedigung und beruflichen Erfolg zu erreichen.

### Wie ein strahlendes Mosaik

Vielleicht haben Sie auch schon die Villa Romana del Casale auf Sizilien oder die Hagia Sophia in Istanbul besucht und sich beim Betrachten der wunderbaren Mosaiken gefragt, wie die Künstler die winzigen Steinchen so exakt aufeinander abstimmen konnten, dass sich ein harmonisches Bild ergibt. Eine ganz ähnliche Aufgabe erwartet Sie bei der Gestaltung Ihrer persönlichen Marke.

Wie bei einem Mosaik ergeben auch beim Self Branding viele einzelne Elemente zusammengenommen ein vollständiges Bild: Ihr Verhalten, welche Kontakte sie pflegen, wie Sie auf Menschen zugehen und mit ihnen umgehen, wie Sie auftreten, sprechen und sich kleiden, dies alles sind Steinchen auf dem Weg zu Ihrem persönlichen Image. Passen die Steinchen zusammen und sind sie richtig platziert, wird das Bild für den Betrachter deutlich ersichtlich. Setzen Sie dagegen die falschen Steinchen oder sind diese zu lose, verschwimmt das Bild und ist nicht mehr erkennbar.

Alles, was Sie tun, setzt Zeichen. Jedes Zeichen ist ein Mosaiksteinchen auf dem Weg zu Ihrem persönlichen Image. Das Modell, das ich Ihnen nun vorstellen möchte, basiert auf genau diesem Gedanken.

## Das Self-Branding-Modell im Überblick

Nun werde ich Ihnen das Modell vorstellen, das sowohl meiner Arbeit mit meinen Kundinnen und Kunden wie auch den weiteren Überlegungen in diesem Buch zugrunde liegt. Dieses Modell habe ich vor rund sieben Jahren entwickelt und in meinem Buch «Self Branding für Manager» erstmals vorgestellt. Seither habe ich das Modell in vielfältigster Art und Weise angewendet: in der Industrie genauso wie in Dienstleistungsunternehmen oder an Universitäten; in Einzelcoachings ebenso wie in Workshops mit 3 bis 45 Teilnehmenden. Nach dieser Erfahrung kann ich sagen: Das Modell hat sich in der Praxis bewährt.

Selbstverständlich habe ich in in den letzten Jahren auch viel dazugelernt und das Modell laufend verbessert. An einigen Stellen habe ich es erweitert, an anderen dagegen einfacher und schlanker gemacht. Ich habe die verschiedenen Übungen didaktisch noch stärker an die Bedürfnisse meiner Kundinnen und Kunden angepasst. Und schließlich habe ich das Modell an die aktuellen Veränderungen und zukünftigen Trends, die ich weiter vorne in diesem Buch beschrieben habe, angepasst.

Das Self-Branding-Modell umfasst alle Elemente, die für die Gestaltung eines nachhaltigen Brands erforderlich sind. Es besteht aus drei Teilen: der Markenidentität, dem Markenleitbild und der Markenkommunikation. Alle drei Teile sind notwendig, um der Marke Fokus und Emotionalität, eine klare Ausrichtung sowie Sichtbarkeit in ihrem Umfeld zu geben:

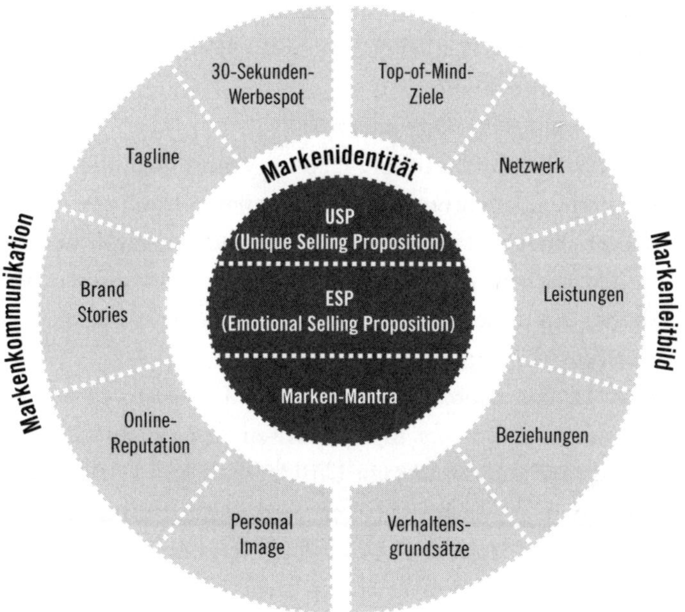

**Markenidentität**

Die Markenidentität ist das Herzstück unserer Marke. Sie widerspiegelt unsere Stärken, Werte und Leidenschaften und bringt zum Ausdruck, woran wir glauben, wofür wir stehen und was uns antreibt.

Die Markenidentität stellt sicher, dass die Marke einheitlich gestaltet, positioniert, gelebt und wahrgenommen wird. Sie zeigt uns, welche Steinchen zu unserem Bild passen und wo wir diese platzieren müssen, damit ein klares Image entsteht. Ohne eine stringente, handlungsleitende Markenidentität ist eine sinnvolle Markengestaltung und -positionierung nicht möglich.

Die Markenidentität besteht aus drei Elementen:

- *Unique Selling Proposition USP:*
  Dies ist der funktionale Aspekt unserer Marke. Er beschreibt unsere größten fachlichen, methodischen, sozialen und individuellen Stärken.
- *Emotional Selling Proposition ESP:*
  Der ESP beschreibt unsere Lieblingsemotionen, die wir selber gerne erleben und bei den Menschen in unserem Umfeld erlebbar machen möchten. Da Emotionen größtenteils unbewusst sind, bedienen wir uns einer besonderen Methode, um unbewusste Emotionen bewusstzumachen.
- *Marken-Mantra:*
  Dies ist das Motto unserer Marke. Das Marken-Mantra zeigt uns, wie wir uns in bestimmten Situationen verhalten sollen, und schützt uns vor Unsicherheit und Fehlentscheidungen. Das Marken-Mantra wird durch Erinnerungshilfen gezielt in unseren Arbeitsalltag integriert.

**Markenleitbild**

Das Markenleitbild beinhaltet den planerischen Blick nach vorne: Was möchten wir mit welchen Hilfsmitteln und mit wem erreichen und an welche Grundsätze halten wir uns dabei?

Das Markenleitbild besteht aus fünf Elementen:

- *Top-of-Mind:*
  Top-of-Mind beschreibt, welche Ziele wir mit Hilfe unserer Marke erreichen wollen.
- *Netzwerk:*
  Unser Netzwerk umfasst die Menschen, die wir für uns und unsere Ideen gewinnen sollten, damit sie uns auf dem Weg zu unserem Ziel unterstützen. Dabei sind nicht nur persönliche Kontakte, sondern zunehmend auch virtuelle Beziehungen für den beruflichen Erfolg ausschlaggebend.
- *Leistungen:*
  Um unseren Netzwerkpartnern nützlich zu sein, erbringen wir bestimmte Leistungen für sie.
- *Beziehungen:*
  Außerdem pflegen wir zu unseren Netzwerkpartnern Beziehungen und legen fest, wir wir auf Menschen zugehen und wie wir die Beziehungen zu anderen Menschen gestalten wollen.
- *Verhaltensgrundsätze:*
  Taten zählen mehr als Worte. Aus diesem Grund legen wir konkrete Verhaltensgrundsätze fest, an die wir uns zukünftig halten werden, die erinnerbar sind und durch ihre Ritualisierung Wiedererkennung schaffen. Die Verhaltensgrundsätze werden mit der Methode des Wenn-dann-Plans gefestigt.

**Markenkommunikation**

Die Markenkommunikation schließlich ist der starke Auftritt unserer Marke. In diesem Teil des Self-Branding-Modells werden die Maßnahmen definiert, die uns helfen, unsere Marke sichtbar zu machen und ins Rampenlicht zu rücken.

Die Markenkommunikation besteht aus fünf Elementen:

- *Personal Image:*
  Das Personal Image ist das, was wir generell unter «Verpackung» verstehen. Es beschränkt sich jedoch nicht auf den visuellen Auftritt, sondern versucht, die Marke mit allen fünf Sinnen erlebbar zu machen.
- *Online-Reputation:*
  Dieses Element habe ich neu in das Modell aufgenommen, da das Selbstmarketing im Second Life immer wichtiger wird. Es befasst sich mit der Frage, wie wir uns im virtuellen Raum bewegen und unsere Marke darstellen wollen. Es weist auf Risiken hin und zeigt, welche Stolpersteine zu beachten sind.
- *Brand Stories:*
  Geschichten konstruieren Wirklichkeit. Höchste Zeit hinzuhören, welche Geschichten über uns erzählt werden, und selber aktiv Geschichten zu inszenieren und zu erzählen.
- *Tagline:*
  Kleiner Satz – große Wirkung. Die Tagline ist vergleichbar mit einem Slogan, der kurz und präzise die Kernaussage unserer Marke wiedergibt. Dadurch verankert sie sich in der Erinnerung und schafft Wiedererkennung.
- *30-Sekunden-Werbespot:*
  Zum Abschluss lernen Sie, wie Sie mit einer kurzen, passenden Rede Herzen und Türen öffnen und Ihr Anliegen gekonnt und spannend rüberbringen können.

**Aufrichtige Arbeit an uns selber**

Die nachfolgenden Kapitel sind eine Anleitung zum gründlichen Nachdenken: Nachdenken über Sie, über Ihre Stärken, Leidenschaften und Ziele. Nachdenken über Ihre Arbeit, Ihre Leistungen und das Umfeld, in dem Sie sich bewegen. Nachdenken über die Beziehungen zu anderen Menschen, wie Sie ihnen gegenübertreten und sich in der Öffentlichkeit präsentieren.

Die Art und Weise, wie sich dieses Buch mit Self Branding befasst, erfordert echtes Bemühen und aufrichtige Arbeit an der eigenen Person. Simple Tipps und Tricks, wie Sie sich möglichst schnell und effekthaschend ins Rampenlicht rücken, werden Sie hier nicht finden. Wenn Sie sich auf den Prozess einlassen, durch den ich Sie auf den folgenden Seiten führe, werden Sie viele Erkenntnisse und Einsichten über sich selber gewinnen. Sie werden lernen, zielgerichtet zu handeln, sich auf das Wesentliche ihres Profils zu fokussieren und alles, was die klare Ausrichtung behindert, aus dem Weg zu räumen. Achtsamkeit gegenüber sich selber, aber auch gegenüber den Menschen im eigenen Umfeld und gegenüber der Gesellschaft sind für mich die Basis für die nachhaltige Gestaltung einer persönlichen Marke.

Bevor Sie nun mit der Erarbeitung Ihres Profils beginnen, möchte ich Ihnen gerne ein paar Hinweise für die Handhabung geben:

- Da die einzelnen Elemente des Self-Branding-Modells aufeinander aufbauen, empfehle ich Ihnen, den im Buch verwendeten chronologischen Ablauf der Übungen beizubehalten. Vielleicht ist es hilfreich, wenn Sie das Buch zuerst ganz durchlesen und sich einen Überblick über die einzelnen Schritte verschaffen, bevor Sie mit den Übungen beginnen und sie durcharbeiten. Vielleicht haben Sie aber auch Lust, sofort mit den Übungen zu starten.

- Halten Sie Ihre Gedanken und Ideen schriftlich fest, ansonsten gehen sie nur allzu schnell wieder vergessen. Ich persönlich habe ein Notizbuch, das ich immer bei mir trage und in dem ich alle Gedanken und Erlebnisse betreffend meine Marke notiere. So kann ich nicht nur den Verlauf der Markengestaltung, sondern auch die Ergebnisse der Umsetzung in meiner täglichen Arbeit verfolgen.
- Wenn Sie Lust haben, gehen Sie die einzelnen Übungen zusammen mit einer oder zwei anderen Personen durch und diskutieren Sie die Ergebnisse. Die gemeinsamen Gespräche erzeugen oft Anregungen, die man alleine nicht hervorzubringen vermag.
- Die Übungen, die ich Ihnen vorschlage, sind zu einem großen Teil die gleichen Übungen, die ich an den Workshops mit den Teilnehmenden durchführe. Sie enthalten spielerische Elemente, die Ihnen helfen, Ihren Blickwinkel zu öffnen und neue Ideen und bislang ungedachte Gedanken zu provozieren. Bitte seien Sie offen für diese Vorschläge. Die Resultate werden Sie verblüffen.
- Wenn Sie alle Markenelemente kennen, können Sie entscheiden, welche Ihnen besonders interessant oder hilfreich erscheinen. Diese setzen Sie dann um. Einige Übungen erscheinen Ihnen im Moment vielleicht nicht passend für sich oder Ihre Situation. Das ist in Ordnung so. Sie haben diese nun kennengelernt und können jederzeit darauf zurückkommen.
- Seien Sie unbescheiden – wenigstens sich selbst gegenüber – und schränken Sie sich nicht ein mit Selbstzensur und der Angst, aus der Rolle zu fallen.
- Self Branding ist ein langfristiger Prozess. Wer auf die

schnelle Wirkung aus ist, wird ebenso enttäuscht wie alle, die denken, mit der Definition des eigenen Markenprofils sei es bereits erledigt. Arbeiten Sie deshalb täglich an der Gestaltung und Umsetzung Ihrer Marke und seien Sie aufmerksam für die Rückmeldungen aus Ihrem Umfeld. Diese zeigen Ihnen, dass Sie auf dem richtigen Weg sind.

Und wie meistens, wenn ein Ziel Arbeit und Durchhaltewille erfordert, ist es hilfreich, genau zu wissen, wieso man die Strapazen auf sich nehmen will. Ich habe mit der Arbeit an meiner Marke begonnen, als ich meine eigene Firma gegründet habe. Abgesehen vom fachlichen Interesse, das ich für das Thema hatte, war es mir persönlich wichtig, zu wissen, was ich bei meinen Kunden ausstrahlen wollte und welcher Funke in der Zusammenarbeit hinüberspringen sollte.

## Ihre guten Gründe für ein Self Branding

Die Gründe, warum sich meine Kundinnen und Kunden für ein Self Branding entschließen, sind vielfältig:

Fabrizio, ein selbstständiger Berater im Bereich Biotech, will sein Angebot konsolidieren, sein Leistungsangebot schärfen und mit einer klaren Botschaft an die Kunden herantreten. Außerdem ist er gerade dabei, seinen Internet-Auftritt neu zu gestalten.

Heike ist Leiterin Management Development eines deutschen Handelskonzerns. Sie hat Mühe, sich und ihre Dienstleistungen im Unternehmen zu verkaufen. Self Branding soll ihr helfen, klarer und verbindlicher zu kommunizieren, Vertrauen zu wecken sowie ihre Dienstleistungen und ihre eigene Leistung im Konzern bekannt zu machen.

Monika arbeitet als Apothekerin. Neben ihrem Teilzeitpensum ist sie politisch in ihrer Gemeinde engagiert. Sie möchte ihre Auftrittskompetenz verbessern, um sich auf dem politischen Parkett selbstsicherer bewegen zu können.

Michael ist mit seinem Job als Risikomanager in einer Versicherung nicht mehr zufrieden. Er möchte sich verändern, weiß aber nicht genau, in welche Richtung. Deshalb will er sich über seine größten Stärken, Wünsche und Ziele klar werden und einen Weg skizzieren, wie er diese erreichen kann.

Dies sind nur einige Beispiele, damit Sie sehen, wie verschieden die Fragen rund um den Themenkreis des Self Branding sind. Neben dem Wunsch, sichtbarer zu werden, andere Menschen für sich zu gewinnen und ihre Karriere oder ihr Geschäft voranzutreiben, möchten viele Menschen sich über ihre eigenen Stärken klarer werden, größere Ausstrahlung gewinnen, gradliniger kommunizieren, in ihrem Umfeld Vertrauen schaffen oder einfach mehr Selbstsicherheit in ihrem täglichen Tun erhalten.

### Notieren Sie Ihre guten Gründe

Wenn Sie sich selbst klar werden wollen, warum Sie dieses Buch gekauft haben, und nun gleich Ihren persönlichen Self-Branding-Prozess starten werden, sollten Sie Ihre guten Gründe zuerst notieren: Halten Sie in Ihrem Notizbuch mindestens fünf Gründe fest, warum ein Self Branding für Sie hilfreich ist. Selbst wenn Sie bereits einen starken Grund gefunden haben, versuchen Sie trotzdem, mindestens fünf Gründe aufzuschreiben. Je mehr Gründe Sie haben, desto eher halten Sie den Prozess auch in schwierigen Zeiten durch. Außerdem entdecken Sie bei diesen Überlegungen vielleicht noch das eine oder andere ungeklärte Thema.

Wenn Sie sich entschlossen haben, diesen Prozess gemeinsam mit anderen zu durchlaufen, tauschen Sie sich mit ihnen zu den Gründen aus. Welche Gründe bewegen meine Kolleginnen und Kollegen, ein starkes Profil gestalten zu wollen? Kann ich von diesen Gründen auch etwas für meine eigene Situation oder mein eigenes Empfinden lernen? Wie kann ich sie unterstützen, noch mehr vom Prozess zu profitieren?

# Markenidentität: Das Herzstück Ihrer Marke

Der erste Schritt bei der Gestaltung einer nachhaltigen persönlichen Marke ist der Blick nach innen: Was sind meine größten Stärken? Nach welchen Werten und Normen richtet sich mein Leben aus? Was gibt mir immer wieder ein starkes Glücksgefühl? Welches sind meine Lieblingsemotionen? Was macht mich im Innersten aus?

## USP – Ihre größten Stärken

Sie erinnern sich sicher an das einleitende Kapitel, wo wir die Wirkungsweise von Marken besprochen haben. Wir haben gesehen, dass Marken zwei Bedürfnisse erfüllen: ein funktionales und ein emotionales. In der folgenden Übung erarbeiten Sie den funktionalen Aspekt Ihrer Marke, also den USP. Diesen ermitteln Sie anhand Ihrer Stärken, die sich auf vier Bereiche beziehen:

1. Eine fachliche Stärke bezieht sich auf Ihr fachliches Wissen, Ihre fachlichen Fähigkeiten, Fertigkeiten und Erfahrungen. Diese können Sie sich in der Ausbildung, während der Arbeit «on the Job» oder durch eine Weiterbildungsmaßnahme angeeignet haben. Die Fragen dahinter lauten: Was habe ich gelernt? Was tue ich täglich in meinem Job?
2. Ihre methodischen Stärken beziehen sich auf Ihre Kenntnis genereller Abläufe und Methoden sowie spezifischer Abläufe und Methoden Ihres Unternehmens. Beispiele dafür sind IT- oder Qualitätsmanagement-Prozesse, Zielvereinbarungs-Systeme oder Sprachkenntnisse. Die Frage dahinter lautet: Wie gehe ich bei meiner Arbeit vor?
3. Ihre sozialen Stärken beziehen sich auf die Interaktion mit anderen, zum Beispiel wie Sie kommunizieren, wie Sie im Team arbeiten oder Konflikte mit anderen lösen. Die Frage dahinter lautet: Wie gehe ich mit anderen um?

4. Ihre individuellen Stärken schließlich beziehen sich auf Ihren Umgang mit sich selber. Dazu gehört unter anderem Ihr Umgang mit Stress, wie Sie sich auch bei langweiligen, monotonen Aufgaben selber motivieren oder wie Sie mit Ihrer Zeit umgehen. Die entsprechende Frage lautet: Wie gehe ich mit mir selber um?

**Visualisieren Sie Ihre größten Stärken**

Für den Einstieg in die Markengestaltung benötigen Sie kleine Post-it-Zettel sowie ein Blatt A4-Papier. Markieren Sie mit einem Stift die Mitte des Blattes und malen Sie darum herum einen großen Kreis, der das ganze Blatt ausfüllt.

Gehen Sie nun die vier genannten Bereiche nacheinander durch und notieren Sie jeweils Ihre größten Stärken auf die Post-it-Zettel. Notieren Sie pro Zettel eine Stärke. Sie dürfen so viele Zettel schreiben, wie Sie wollen. Achten Sie bei der Formulierung Ihrer Stärken darauf, dass …

- Sie nur Stärken notieren, von denen Sie glauben, dass sie wirklich herausragend sind und dass nur wenige Menschen in Ihrem Umfeld diese Stärke ebenfalls besitzen.
- Sie den Kern der Stärke so genau wie möglich erfassen. Begnügen Sie sich nicht mit Allgemeinplätzen wie «Kommunikation», sondern überlegen Sie, worin genau Ihre kommunikative Stärke besteht. Sind Sie eine besonders gute Zuhörerin? Können Sie zwischen den Zeilen lesen? Halten Sie spannende Referate oder sind Sie eine geschickte Verhandlungspartnerin? Das alles beschreibt Kommunikation und ist doch niemals dasselbe.
- Sie auch den privaten und außerberuflichen Bereich miteinbeziehen. Als Mutter beispielsweise haben Sie sich spezifische Fähigkeiten angeeignet, die Ihnen auch in Ihrer neuen

Führungsrolle oder beim Aufbau Ihrer eigenen Firma zugute kommen. Das Gleiche gilt, wenn Sie in einer politischen Partei engagiert sind oder ein Amt in einem Verein ausüben, wenn Sie in jungen Jahren eine Pfadfindergruppe geleitet haben oder in Ihrer Freizeit segeln.

Wenn Sie fertig sind, nehmen Sie das Blatt mit dem Kreis zur Hand und kleben Sie die Post-it-Zettel auf dem Kreis auf. Dabei kleben Sie diejenigen Zettel in die Mitte des Blattes, die Ihnen besonders wichtig sind und von denen Sie denken, dass sie ein ganz wesentlicher Bestandteil Ihrer Identität sind. Je unwichtiger eine Stärke für Sie ist, desto weiter außen auf dem Blatt platzieren Sie sie. Dabei dürfen Sie keine Zettel aufeinanderkleben.

Achten Sie bei dieser Übung nur auf Ihre Person, unabhängig von der beruflichen Tätigkeit, die Sie gerade ausüben. Das heißt, Sie suchen nicht die Stärken heraus, die in Ihrer momentanen Tätigkeit besonders wichtig sind, sondern die Stärken, die für Sie als Mensch größte Bedeutung haben. Wägen Sie die einzelnen Stärken gegeneinander ab: Welche Stärke ist für mich und meine Identität ganz besonders wichtig und welche weniger?

Nun schauen Sie sich das Ergebnis einige Minuten in Ruhe an. Ist das so stimmig? Stehen wirklich die wichtigsten Stärken im Zentrum? Nehmen Sie das Bild in sich auf und freuen sich an Ihren vielen Stärken.

Nun müssen Sie sich für die drei größten Stärken entscheiden. Das sind die drei Zettel, die am nächsten an der Mitte kleben. Markieren Sie diese drei Zettel mit einem Stift. Wir werden zu einem späteren Zeitpunkt auf diese Stärken zurückkommen.

**USP – die Schritte in Kürze**

1 Notieren Sie Ihre größten Stärken auf Post-it-Zetteln.
2. Gewichten Sie die Stärken nach ihrer Bedeutung, indem Sie die Zettel in einem Kreis platzieren: Die wichtigsten Stärken kleben Sie in die Mitte, die weniger wichtigen kleben Sie außen auf.
3. Wählen Sie aus den Zetteln, die ganz in der Mitte kleben, die drei wichtigsten Stärken aus.

## ESP – Ihre wichtigsten Emotionen

Emotionen bringen Marken zum Strahlen – deshalb müssen auch persönliche Marken Emotionen wecken. Allerdings sind Emotionen im Unbewussten gespeichert. Und da fängt unser Problem an: Das Unbewusste ist ja, wie der Name andeutet, durch das Bewusstsein auf direktem Weg nicht erfahrbar. Wie also wollen wir uns auf bestimmte Emotionen stützen, wenn wir uns ihrer gar nicht bewusst sind?

### Unbewusstes sichtbar machen

Ich könnte Sie bitten, die Emotionen aufzuschreiben, die für Sie persönlich besonders wichtig sind. Was würde passieren? Da Sie sich Ihrer ureigenen positiven Emotionen nicht bewusst sind, nennen Sie die Emotionen, die Ihnen gerade in den Sinn kommen und die Sie wichtig finden, wie zum Beispiel Freundschaft, Stolz, Abenteuer, Freiheit oder Sinnhaftigkeit. Leider sind das aber sehr allgemein gehaltene Begriffe, die in unserer Gesellschaft generell als wünschenswert angesehen und von den meisten Menschen in unserem Umfeld geteilt werden. Dies ist also kein sinnvoller Weg, da er uns lediglich zu Allgemeinplätzen führt statt zu den Emotionen, die Sie als Person einzigartig machen. Was wir benötigen, ist eine Methode, die unbewusste Emotionen ins Bewusstsein holt.

Während meiner Psychologieausbildung habe ich eine Methode kennengelernt, die tatsächlich unbewusste Emotionen bewusstmachen kann. Diese Methode wurde an der Universität Zürich als Teil des «Zürcher Ressourcen-Modells» (ZRM) entwickelt. ZRM ist ein theoretisch fundiertes und wissenschaftlich überprüftes Selbstmanagement-Modell, das von Maja Storch und Frank Krause stammt und an der Universität Zürich unterrichtet wird. Im Zentrum dieser Methode steht der Gedanke, dass der Mensch über eine Vielfalt an inneren Stärken verfügt, die es zu entdecken und zu entwickeln gilt. Genau dieser Gedanke ist für unsere Markengestaltung ungeheuer wertvoll. Denn was wir brauchen, sind persönliche Eigenschaften, die stark emotional aufgeladen sind, die uns gefühlsmäßig anziehen, Kraft geben und motivieren. Das Faszinierende dieser Methode besteht darin, dass sie sich innerer Bilder bedient, über die das Unbewusste aktiviert wird.

Die Übungen, durch die ich Sie bei der Erarbeitung des ESP leiten werden, basieren auf dem Zürcher Ressourcen-Modell ZRM. Die Fragestellung habe ich jedoch nicht eins zu eins übernommen, sondern an unsere Bedürfnisse angepasst.

### Finden Sie Ihr inneres Bild

Um die für die Übung erforderlichen Bilder zu generieren, sollten Sie nun eine der folgenden Kategorien wählen: reale Personen, fiktive Personen, Gegenstände oder Tiere. Je nach persönlichen Interessen können Sie auch Landschaften, Autos, Pflanzen, Kunstwerke oder eine beliebige weitere Kategorie wählen. Welche Kategorie Sie wählen, entscheiden Sie selbst. Wichtig ist, dass die Kategorie Ihnen entspricht und in der Lage ist, vor Ihrem geistigen Auge starke Bilder hervorzurufen.

Nachdem Sie eine Kategorie gewählt haben, suchen Sie in der gewählten Kategorie ein spezifisches inneres Bild, das Sie besonders anspricht und mit dem Sie sich identifizieren können. Gehen Sie folgendermaßen vor:

- Angenommen, Sie haben die Kategorie «Gegenstand» gewählt. Dann stellen Sie sich nun folgende Frage: «Wenn ich ein Gegenstand wäre, welcher Gegenstand wäre ich dann?»
- Notieren Sie spontan alle Gegenstände, die Ihnen in den Sinn kommen: ein Olivenbaum, ein Glas spritziger Prosecco, eine große weiße Muschel an einem Sandstrand. Überlegen Sie nicht lange und bewerten Sie nicht, ob und warum dieser Gegenstand zu Ihnen passt. Ihre Gedankenreise soll nicht vom Verstand, sondern von Ihrem Unbewussten geleitet werden.
- Wenn Sie sich für eine Landschaft entschieden haben, lautet Ihre Frage analog: «Wenn ich eine Landschaft wäre, welche Landschaft wäre ich dann?» Eine Oase in der Wüste, die Provence, eine exotische Insel, ein lichter Birkenwald? Oder fällt Ihnen gar eine Stadt ein wie das pulsierende New York, das romantische Paris oder das geheimnisvolle Marrakesch?
- Bezogen auf eine fiktive Person lautet die Frage: «Wenn ich eine Roman- oder Filmfigur wäre, welche Figur wäre ich dann?» Oder, bezogen auf eine reale Person: «Wenn ich eine bekannte Person wäre, welche Person wäre ich dann?» Besonders gut eignen sich auch Idole aus Ihrer Jugend oder Menschen, die Sie als Vorbilder erlebt haben oder immer noch erleben. Diese können sowohl real als

auch fiktiv sein. Es kann auch eine Person aus Ihrem persönlichen privaten oder beruflichen Umfeld sein, zum Beispiel Ihr Klavierlehrer aus der Schule oder eine ehemalige Vorgesetzte. Wichtig ist, dass Sie sich mit diesem Menschen über ein gutes Gefühl verbunden fühlen und der Gedanke an ihn bei Ihnen ein klares Bild auslöst, so dass Sie diese Person sofort und mühelos vor Ihrem geistigen Auge sehen können.

Schränken Sie sich bei dieser Übung bitte nicht aufgrund von Konventionen ein. Als Mann dürfen Sie sich ruhig auch mit Frauen vergleichen, Sie dürfen Batman genauso wie den Dalai Lama, Marilyn Monroe oder James Bond als Helden nennen. Es ist auch nicht verwerflich, sich mit einem Ferrari oder einer dicken Zigarre zu identifizieren. Interpretiert wird das Bild erst hinterher.

Wenn Sie fertig sind, schauen Sie sich Ihre Liste an. Gehen Sie die notierten Personen, Gegenstände, Autos, oder welche Kategorie Sie auch immer gewählt haben, durch und achten Sie darauf, welches Bild sich am besten anfühlt. Ganz spontan. Sie fühlen sich zum Bild des kubanischen Musikers hingezogen, dem Sie vor einigen Jahren während Ihrer Ferien so fasziniert zugehört haben? Gut, dann nehmen Sie dieses Bild. Wichtig ist, dass Sie jenes innere Bild wählen, das Sie mögen und das bei Ihnen ein gutes Gefühl auslöst. Auch dies ist also kein bewusster Vorgang, den Sie mit Ihrem Verstand tätigen, sondern der auf das Unbewusste zielt.

Fabrizio, der Unternehmer, der sein Angebot konsolidieren und mit einer klaren Botschaft an seine Kunden herantreten wollte, entschied sich für die Kategorie «Tier». Spontan erschien vor seinem inneren Auge das Bild eines Delphins, der in einer Gruppe von Artgenossen verspielt und voller Freude Luftsprünge machte. Das Bild gefiel ihm außerordentlich, und so entschied er sich, mit diesem Bild weiterzuarbeiten.

Monika entschied sich für die Kategorie «Romanfiguren», da sie schon als Kind große Freude an Menschen und Geschichten hatte. Ohne groß nachdenken zu müssen, fiel ihr Huckleberry Finn ein, der Junge, der in einem Fass wohnt und den ganzen Tag faulenzen kann, während sich seine Freunde in der Schule quälen. Sie spürte, dass sie diese Figur noch genauso fasziniert wie als Mädchen, als sie diesen Roman verschlungen hatte.

Wenn Sie Ihr Bild gefunden haben, malen Sie es sich im Detail aus, so dass Sie es klar und deutlich vor sich sehen. Beginnen Sie nun, das Bild zu interpretieren. Dies gelingt Ihnen am besten, wenn Sie frei zu dem beschriebenen Bild assoziieren: Konzentrieren Sie sich auf Ihr Bild und notieren Sie alle positiven Aspekte, die Ihnen zu Ihrem Bild einfallen. Vermeiden Sie auch hier bewusstes Nachdenken, Argumentieren oder Zensurieren, so dass das Unbewusste genügend Raum hat.

Die besten Ergebnisse erzielen Sie, wenn Sie andere Menschen in Ihr Brainstorming einbeziehen: Suchen Sie sich Menschen in Ihrem Bekanntenkreis, die bereit sind, Ihnen Ideen zu Ihrem Bild zu liefern. Beschreiben Sie Ihr inneres Bild so präzise wie möglich, wie es ausschaut und welche positiven Eigenschaften es hat. Notieren Sie sich danach alle Assoziationen dieser Personen zu Ihrem Bild. Auf diese Weise kommen zwischen 20 und 40 Begriffe zusammen.

Monikas Ideenliste zu Huckleberry Finn umfasste ungefähr 50 Begriffe, unter anderem: unabhängig, intelligent, naturverbunden, faul, wildwest, abenteuerlich, unbeschwert, authentisch, echt, einfaches Leben, hilfsbereit, menschlich, kreativ, vielseitig, sonniges Gemüt, bleibt sich selber treu, setzt sich ein für Schwächere, schert sich nicht um Konventionen, gerecht, zäh, neugierig, Optimist.

Auch Fabrizio hatte sich eine Ideenliste zu seinem Delphin-Bild erstellt, die rund 35 Begriffe umfasste. Dazu gehörten: Reinheit, Umwelt, Ursprung, faszinierend, anpassungsfähig, blau, grazil, Instinkt, zielstrebig, Dynamik, Leichtigkeit, Sprung, spritzig, begleiten, Freiheit, erfrischend, Sympathie, formschön, Kommunikation.

### Die Signale des Unbewussten lesen

Nun folgt der letzte Schritt: Aus der Ideenliste wählen Sie die wichtigsten Begriffe aus. Auch dabei soll das Unbewusste im Vordergrund stehen. Dazu möchte ich Sie mit den sogenannten Somatischen Markern bekannt machen. Auf unser Unbewusstes können wir nicht mit dem bewussten Verstand oder mit Worten zugreifen. Wir benötigen deshalb eine andere Sprache, die uns anzeigt, was in unserem Unbewussten vor sich geht.

Der amerikanische Neurowissenschaftler Antonio Damasio hat den Begriff der «Somatischen Marker» geprägt. Diese kann man sich vorstellen als Sprache des Unbewussten, die sich jedoch nicht in Worten, sondern in diffusen körperlichen Signalen zeigt. «Soma» kommt aus dem Griechischen und heißt «Körper», und weil die Signale etwas kennzeichnen, nennt man sie «Marker».

Diese Signale äußern sich immer in einem mehr oder weniger intensiven Gefühl, das mit körperlichen Veränderungen einhergeht, wie ein Kribbeln im Bauch, ein Zucken im Auge oder eine plötzliche Hitzeempfindung, ein Erröten, ein Strahlen auf dem Gesicht. «Der Körper ist die Bühne der Gefühle», schreibt Antonio Damasio. Gefühle verkörpern sich in Haltungen – und diese Signale des Unbewussten sind durchaus bewusst wahrnehmbar.

Somatische Marker teilen Situationen in positiv und negativ ein: «Gut für mich», «toll», «will ich haben» versus «schlecht für mich», «grässlich», «will ich auf gar keinen Fall». Das Bemerkenswerte dabei ist, dass die Somatischen Marker im Gegensatz zum bewussten Verstand unglaublich schnell auftreten, das heißt innerhalb von 200 bis 300 Millisekunden.

Vielleicht kommt Ihnen diese Situation bekannt vor: Sie sitzen gemütlich im Garten unter einem Baum, und plötzlich nehmen Sie wahr, dass sich über Ihrem Kopf etwas bewegt. Und noch bevor Sie richtig hingeschaut haben, was das wohl ist, sind Sie bereits aufgesprungen, Ihr Herz pocht – erst da wird Ihnen bewusst, dass sich eine fette Spinne abseilt. Dies sind blitzschnelle, körperliche Reaktionen, wie sie nur das Unbewusste auslösen kann. Der Verstand hat in dieser Kürze nicht die geringste Chance, mitzuhalten.

Der Verstand hat aber einen anderen Vorzug: Er arbeitet genau. Wenn Sie nämlich hingeschaut hätten, statt gleich aufzuspringen, hätten Sie feststellen können, dass sich da gar keine Spinne abseilt, sondern der Samen eines Löwenzahns in der Luft schwebt. Und das hätte Ihren Blutdruck wohl kaum in Wallung gebracht.

Der Verstand arbeitet präzise, aber langsam. Das Unbewusste dagegen kann blitzschnelle Einschätzungen vornehmen, die aber nur von genereller Natur sind. Gut für mich – schlecht für mich. Für unseren Zweck reicht das aber vollkommen.

Wir möchten aus unserer Liste mit Assoziationen nun die Begriffe auswählen, die besonders wichtig sind. Und zwar nicht für unser bewusstes Ich, das stark von gesellschaftlichen Regeln und Normen geprägt ist, sondern für unser unbewusstes Ich.

Warum ist es in unserem Zusammenhang so wichtig, auf das, was in unserem Unbewussten schlummert, zugreifen zu können? Weil nur das, was wir in unserem Innern wollen, uns auch «von innen heraus» motiviert. Wenn wir wollen, dass die gewählten Eigenschaften uns «von innen heraus», also intrinsisch motivieren, müssen sie aus unserem Unbewussten kommen. Sobald wir mit dem Verstand agieren, stehen erlernte Glaubenssätze und gesellschaftliche Regeln und Normen im Vordergrund. Und nach diesen wollen wir uns bei der Gestaltung der Markenidentität eben gerade nicht richten.

Motivation ist für das Self Branding ein wesentliches Element. Mit unserer Marke leben wir viele Jahre lang. Deshalb muss unsere Marke die Kraft besitzen, uns immer wieder von Neuem mitzureißen und uns das Gefühl zu geben: «Genau das ist meine Essenz, genau so möchte ich sein, genau das möchte ich ausstrahlen, und genau so möchte ich wahrgenommen werden.» Sie muss so stark sein, dass sie uns immer wieder Mut macht und uns auch in schwierigen Zeiten den Glauben an uns schenkt. Sie muss so attraktiv und unwiderstehlich sein, dass sie uns immer wieder motiviert und das Gefühl gibt, wertvoll und einmalig zu sein.

Und diese Brücke zum Unbewussten schlagen wir mit Hilfe der Somatischen Marker.

### Die stärksten Emotionen finden

Gehen Sie nun Ihre Liste mit den Assoziationen zum Bild durch und markieren Sie alle Begriffe, die bei Ihnen auf einer Skala von 0 bis 100 einen positiven Somatischen Marker, das heißt ein gutes Gefühl, von über 70 auslösen.

Alle Begriffe, die einen Wert von unter 70 erreichen, fallen weg.

Wir arbeiten nun mit den markierten Begriffen weiter: Streichen Sie alle Begriffe, die Ihnen in irgendeiner Form ein negatives Gefühl geben. «Abenteuer» beispielsweise ist für viele Menschen emotional positiv besetzt, macht ihnen gleichzeitig jedoch auch Angst, ist also auch negativ besetzt. Solche Begriffe streichen Sie raus.

Wie viele Begriffe bleiben übrig? Wenn es mehr als drei sind, wählen Sie die drei Begriffe mit dem höchsten Somatischen Marker, die sich für Sie am besten anfühlen.

Wahrscheinlich fragen Sie sich nun, warum Sie bei den Stärken und den Emotionen genau drei auswählen mussten. Die Antwort darauf lautet: Fokus. Marketing ist ein Kampf der Wahrnehmung, und den können Sie nur gewinnen, wenn Sie Ihr absolut Bestes geben: Ihre stärkste Stärke und Ihre emotionalste Emotion. Mittelmaß hat keine Chance. Und genau diesen Fokus erreichen wir im Self Branding, indem wir nicht alle Stärken und Emotionen berücksichtigen, sondern nur die wichtigsten.

**ESP – die Schritte in Kürze**

1. Entscheiden Sie sich für eine Kategorie (Person, Tier, Gegenstand etc.).
2. Stellen Sie sich die Frage «Wenn ich etwas aus dieser Kategorie wäre, was wäre ich dann?», und notieren Sie alles, was Ihnen spontan in den Sinn kommt.
3. Wenn die Liste komplett ist, suchen Sie sich das Bild aus, der sich am besten anfühlt.
4. Beschreiben Sie nun dieses innere Bild so detailliert wie möglich. Was genau sehen Sie auf dem Bild? Welche Eigenschaften haben die abgebildeten Elemente? Was fasziniert mich an meinem Bild?

5. Nun notieren Sie alles, was Ihnen zu diesem Bild in den Sinn kommt. Falls Sie noch mehr Ideen generieren wollen, bitten Sie weitere Personen, sich am Brainstorming zu beteiligen.
6. Wählen Sie nun von der fertigen Liste die Begriffe aus, die einen positiven Somatischen Marker von über 70 haben. Streichen Sie danach alle Begriffe, die zusätzlich einen negativen Somatischen Marker haben, weg. Wählen Sie aus den verbleibenden Begriffen die drei mit dem höchsten Somatischen Marker aus.

## Marken-Mantra – Ihr persönliches Motto

Nun folgt der anspruchsvollste und gleichwohl auch bewegendste Teil des Branding-Prozesses: die Entwicklung Ihres Marken-Mantras. Der Begriff «Mantra» stammt aus der fernöstlichen Lehre. In der hinduistischen und buddhistischen Lehre bezeichnet das Mantra eine mystische Geheimformel. Die meist kurze Wortfolge wird in der Meditation oder im Gebet stetig wiederholt. Dabei stellt die Formel den *Schatz* des Gläubigen dar, der ihn vor den Erschütterungen des Lebens schützt.

Auch wenn das Marken-Mantra nichts mit Religion zu tun hat, weist es dennoch einige Parallelen zum ursprünglichen Mantra auf: Das Marken-Mantra ist handlungsleitend, das heißt, es sagt uns, wie wir uns in bestimmten Situationen verhalten sollen, und schützt uns vor Unsicherheit und Fehlentscheidungen. Ähnlich dem religiösen Mantra, das der Gläubige immer wieder vor sich hersagt, ist auch das Marken-Mantra gegen innen gerichtet. Es ist kein kommunikatives Instrument, mit dem Sie Ihre Marke bekannt machen, sondern es soll Ihnen bei der Markengestaltung den Weg weisen. Schließlich soll es so stark mit positiven Emotionen aufgeladen sein, dass es Sie täglich motiviert, Ihr Mantra zu leben und erlebbar zu machen.

**Ein erster Entwurf**

In den beiden vorhergehenden Übungen haben Sie je drei Begriffe für den USP und ESP ausgewählt, die für Sie besondere Bedeutung haben. Für einen ersten Entwurf Ihres Mantras formulieren Sie nun einen Satz, in dem alle sechs Begriffe vorkommen. Dieser Satz sollte etwas mit Ihnen zu tun haben. Am einfachsten ist es, wenn Sie den Satz beginnen mit: «Ich …»

Heike, Leiterin Management Development eines deutschen Handelskonzerns, wählte als größte Stärken die Kombination aus Fachwissen und Erfahrung, ihr Einfühlungsvermögen sowie ihre Fähigkeit, auf andere zuzugehen. Als inneres Bild hatte sie einen blühenden Garten gewählt, in dem eine kleine Holzbank zum Verweilen einlädt. Aus ihrer Ideenliste wählte sie mittels Somatischen Markern die Begriffe «inspirieren», «blühen» und «Balance». Daraus formulierte sie den Satz:

«Ich bin in Balance, gehe auf andere zu und schaffe mit Einfühlungsvermögen und unter Verwendung meines Fachwissens und meiner Erfahrung ein inspirierendes Umfeld, das Ergebnisse zum Blühen bringt.»

Dieser lange und etwas umständliche Satz ist erst ein Entwurf auf dem Weg zu einem kürzeren und griffigeren Mantra. Es ist aber wichtig, dass Sie sich bei diesem Entwurf an genau diese Begriffe halten, da sie bei Ihnen einen hohen Somatischen Marker ausgelöst haben und damit weit motivierender wirken, als wenn Sie bloß einen sinngemäßen Satz formulieren.

**Formulieren Sie Ihren Satz «gehirngerecht»**

Das Gehirn speichert und verarbeitet Informationen nach seinen eigenen Regeln. Bevor Sie mit Ihrem Satz weiterarbeiten, sollten Sie deshalb prüfen, ob er «gehirngerecht», also der Funktionsweise unseres Gehirns entsprechend, formuliert ist und Ihr Unbewusstes auch optimal anspricht.

Unterziehen Sie Ihren Satz folgenden vier Mantra-Checks:

1. *Vermeidungs-Check*
   Damit sich Ihr Gehirn nicht ständig daran erinnert, was es nicht tun sollte, müssen Sie Ihren Satz positiv formulieren. Formulierungen wie «nicht», «ohne» oder das Präfix «un-» sollten Sie durch positive Formulierungen ersetzen. Also nicht «Ich bin unabhängig», sondern «Ich bin frei».

2. *Selbstwirksamkeits-Check*
   Ihr Ziel muss vollständig unter Ihrer Kontrolle sein und darf nicht vom Zutun anderer abhängen. Gerade Führungskräfte wählen häufig die Formulierung: «Gemeinsam mit meinem Team». Diese Formulierung ist unglücklich, da Sie jederzeit in der Lage sein sollten, Ihr Mantra zu leben – nicht nur, wenn Ihr Team dabei ist. Sagen Sie also selbstbewusst «Ich» und lassen Sie die Frage, wer bei Ihrem Tun dabei ist, offen.

3. *Kausalitäts-Check*
   Manchmal werden Abhängigkeiten formuliert, die bei genauerer Betrachtung nicht stimmig sind. Der Satz «Aufgrund meiner fachlichen Kompetenz und Erfahrung bin ich spontan und fröhlich» stellt einen kausalen Zusammenhang her, den Sie hinterfragen sollten. Denn Spontaneität und

Fröhlichkeit basieren nicht direkt auf beruflichem Wissen, sondern sind eher Charaktereigenschaften. Treffender wäre eine Formulierung wie: «Ich bin fachlich kompetent und erfahren und lebe spontan und fröhlich.»

4. *Somatischer-Marker-Check*
Ihr Mantra sollte Ihnen ein gutes Gefühl geben, das heißt einen positiven Somatischen Marker von mindestens 70.

Wenn Sie sichergestellt haben, dass Ihr erster Satzentwurf den genannten Mantra-Checks standhält, können Sie Ihren Satz nun überarbeiten. Dabei dürfen Sie sich von den ursprünglich gewählten Begriffen lösen und andere passende Formulierungen verwenden.

**Finden Sie Ihr motivierendes Marken-Mantra**

Legen Sie zunächst fest, was genau Sie ändern möchten. Soll der Satz kürzer und knackiger sein? Oder gibt es einzelne Begriffe, die Ihnen noch nicht ganz gefallen?

Ähnlich wie bei der Ideenliste zu Ihrem Bild können Sie auch hier Kolleginnen und Kollegen um ihre Meinung bitten. Sie werden sehen, wie viele neue Gedanken und Vorschläge Sie dann erhalten. Wenn Sie beispielsweise ein Wort durch einen emotionaleren Begriff ersetzen wollen, suchen Sie nach Synonymen. Wichtig dabei ist, dass die inhaltliche Aussage die gleiche bleibt. «Ich gehe» beispielsweise können Sie ersetzen durch «Ich schwebe, laufe, fliege, tanze, springe». Jedes Wort hat einen unterschiedlichen Somatischen Marker. Welcher Begriff ist für Sie besonders lustvoll?

Meine Erfahrung ist, dass viele meiner Kundinnen und Kunden einen Somatischen Marker von über 90 oder sogar 95 erreichen können, wenn sie den Satz so lange umformulieren, bis sie die richtigen Begriffe und die perfekte Formulierung gefunden haben. Seien Sie aber vorsichtig: Sie dürfen nicht den Sinn des Satzes verändern nur um der knackigen Formulierung willen.

Zum Schluss entscheiden Sie, welche Wörter, welche Formulierungen und welcher Satz Ihnen am besten gefallen. Lassen Sie sich nicht dazu drängen, bestimmte Vorschläge anzunehmen, die Ihnen gefühlsmäßig nicht zusagen.

Nach mehrmaligem Umformulieren hat sich Heike schließlich für diesen Satz entschieden: «Mit Einfühlungsvermögen und Kompetenz schaffe ich ein Umfeld, das Ergebnisse zum Blühen bringt.»

Fabrizio, dessen inneres Bild der spielende Delphin war, hat das Mantra «Zielstrebig, dynamisch und erfrischend begleiten» entwickelt. Huckleberry Finn hat Monika zum Mantra «Ich bin ein strahlender Rubin und tanze lustvoll im Rampenlicht» inspiriert.

Die Marken-Mantras, die meine Kundinnen und Kunden auf diese Weise über die letzten Jahre formuliert haben, sind genauso unterschiedlich, wie sie als Personen sind. Die Bandbreite reicht von sachlich über emotional bis zu poetisch. Weitere Beispiele für «Marken-Mantras»:

- «Ich schaffe Durchblick.»
- «Aktiv planen, lösen, kommunizieren.»
- «Ich schaffe einen Raum voller Liebe für Wachstum und Genuss.»
- «Auf zu humorvollen, abenteuerlichen Expeditionen!»
- «Mit Schalk, Fantasie und Emotion schaffe ich unvergessliche Erlebnisse.»
- «Ich bin wie eine Eiche – fest im Boden verankert und funkelnd.»

**Ihr persönlicher Schatz**

Dabei ist es irrelevant, ob andere Menschen mit diesen Sätzen etwas anfangen können. «Schalk» beispielsweise kann viele Bedeutungen haben. Was zählt, ist jedoch einzig die Bedeutung, die der Träger des Mantras dem Begriff gibt. Eine Kollegin hat einmal das Motto «Mein Leben gehört der Himbeere» formuliert. Mir persönlich sagte dieser Satz nichts. Für meine Kollegin war er jedoch hoch motivierend, da die Himbeere genau das ausdrückte, was ihr im Leben so wichtig war: Saft, Frische, Energie, Lebensfreude.

Wie dieses Beispiel zeigt, können Sie einzelne Teile Ihres Mantras auch durch Bilder ersetzen wie die «humorvollen, abenteuerlichen Expeditionen», die «Eiche» oder den «strahlenden Rubin».

Aufgrund der von mir gewählten Begriffe ergab sich mein Mantra «Ich verbinde Management mit Menschlichkeit». Die Wirkung dieses Satzes spürte ich sofort. Das war genau das, was mir im beruflichen Leben am wichtigsten war und wonach ich mein Geschäft und mein Handeln ausrichten wollte: gutes Management und Menschlichkeit. Ich hatte meinen persönlichen Schatz gefunden.

Den Begriff Management habe ich gewählt, da er mein Tätigkeitsfeld umfassend beschreibt: Neben den Führungsinstrumenten und -modellen, die ich regelmäßig unterrichte, beinhaltet er das Management der eigenen Marke genauso wie das der eigenen Person und Ressourcen. Menschlichkeit wiederum ist mir von meinem persönlichen Wertesystem her äußerst wichtig, und die Verknüpfung von Management und Menschlichkeit findet sich in der Wirtschaft und Berufswelt in meinen Augen zu wenig.

Zudem klingt «Management und Menschlichkeit» in meinen Ohren schöner als beispielsweise «Führung und Menschlichkeit». Und der Klang, die Melodie und wie geschmeidig unser Mantra durch unsere Gedanken und unser Unbewusstes fließt, ist ebenfalls ein wichtiger Aspekt für ein funktionierendes Mantra.

Mein Mantra ist nun bereits sieben Jahre alt. Ich habe es entwickelt, als ich am Anfang meiner Selbstständigkeit stand. Mein Bedürfnis war, eine klare Linie in mein geschäftliches Tun zu bringen und festzulegen, was ich beim Kunden emotional ausstrahlen wollte.

Im Rahmen meiner Arbeit mit Kundinnen und Kunden begegne ich immer wieder Mantras, die ich selber ganz toll finde und die ich am liebsten gleich für mich übernehmen würde. Aber das geht natürlich nicht, da jedes Mantra individuell und auf seinen Träger abgestimmt ist. Auch überlege ich mir immer wieder, ob es nicht an der Zeit wäre, ein neues Mantra zu formulieren, da meines ja schon etwas in die Jahre gekommen ist. Wenn ich mich dann aber an den Branding-Prozess mache, spüre ich, dass genau dieses Mantra immer noch perfekt zu mir passt und dass ich kein passenderes formulieren könnte, das den gleichen inhaltlichen und emotionalen Wert für mich hat. Und so werde ich dieses Mantra sicherlich noch einige Jahre mit Freude beibehalten.

### Besitzt Ihr Mantra Paradessenz?

Skiregionen bieten Paradessenz. Genau wie Kaffee und der Roman «Illuminati» von Dan Brown. Paradessenz ist ein Kunstwort, das aus den Begriffen «Paradox» und «Essenz» zusammengesetzt ist. Es beschreibt die scheinbar schizophrene Strategie, dass zwei sich ausschließende Phänomene miteinander verschmelzen, wodurch eine ganz neue Qualität entsteht. Diese «paradoxe Essenz» kann man auch als «Mehrdeutigkeit» oder «Sowohl als auch» bezeichnen.

Im Marketing von Produkten und Dienstleistungen findet sich Paradessenz immer öfter. Tourismusorte werben vielfach mit einer Kombination aus Abenteuer und Erholung. Kaffee trinken wir in entspannter Atmosphäre, während uns das Koffein aufputscht. Dan Browns Romane faszinieren wegen ihrer Kombination von uralten Mythen mit futuristischem Hightech.

Paradessenz zielt darauf ab, Spannung zu erzeugen, die gleichwohl irritiert wie fasziniert. Sie schafft ein Spannungsfeld, etwas Geheimnisvolles, das uns in den Bann zieht. Sie weckt unser Interesse; wir möchten näher hinschauen und mehr erfahren.

Die hörbehinderte schottische Schlagzeugerin Evelyn Glennie besitzt Paradessenz. Obwohl sie taub ist, hat sie es bis ganz an die Spitze ihrer Kunst gebracht und ist eine der weltweit erfolgreichsten klassischen Schlagzeugerinnen.

Sie müssen nicht Weltklassemusikerin oder taub sein, um von einer Mehrdeutigkeit Ihrer Marke profitieren zu können. Adrian Steiner, der Direktor der mobilen Theaterbühne «Das Zelt», gründet seinen Erfolg auf der Kombination von langjähriger Zirkuserfahrung mit einer juristischen Ausbildung. Weitere Beispiele für paradessente persönliche Marken sind visionäre Macher, kreative Buchhalter oder grüne Wirtschaftsbosse, also Menschen, die über Eigenheiten verfügen, die in unserem Denken nicht zusammenpassen. Vielleicht erkennen auch Sie in Ihrem Mantra gegenläufige Versprechen?

Wenn die Elemente Ihres Mantras scheinbar unvereinbar sind, haben Sie es in der Hand, eine wirklich einzigartige Marke zu schaffen. Achten Sie darauf, dass dieser Widerspruch auch tatsächlich in Ihrer Persönlichkeit oder Ihrem Werdegang begründet ist, ansonsten wirkt Ihr Brand nicht stimmig. Paradessenz – und wäre sie noch so attraktiv – können Sie nicht künstlich schaffen. Sie müssen Sie besitzen.

**Setzen Sie auf Erinnerungshilfen**

Sie haben nun Ihr motivierendes Marken-Mantra formuliert. Doch wie stellen Sie sicher, dass Sie sich gedanklich immer wieder auf Ihr Mantra besinnen und es als Leitfaden für Ihr Handeln nutzen? Ganz von selbst werden Sie das kaum schaffen, denn die Routine des Alltags erstickt neue Gedanken meist im Keime. Sie brauchen also eine Erinnerungshilfe, die dieser Routine etwas entgegensetzt und die häufig und praktisch angewendet werden kann.

Um Ihrem Mantra eine gute Realisierungschance einzuräumen, sollte es gedanklich möglichst häufig aktiviert werden. Dies gelingt Ihnen, indem Sie bestimmte Gegenstände wählen, die Sie mental mit Ihrem Marken-Mantra verknüpfen. Als Gegenstände eignen sich beispielsweise Bilder oder Kunstgegenstände, eine besondere Lampe auf dem Bürotisch, eine Uhr oder ein Schmuckstück, Kleidung und Accessoires wie eine Tasche, ein Schal oder eine Krawatte. Auch Parfüm, ein Musikstück oder eine Farbe eignen sich als Erinnerungshilfen.

Monika hatte sich zur Erinnerung an ihr Mantra «Ich bin ein strahlender Rubin und tanze lustvoll im Rampenlicht» einen Rubinring gekauft, den sie täglich und mit großer Freude trägt. Fabrizio hat sich einen Schlüsselanhänger in Form eines Delphins gekauft, der ihn an sein inneres Bild erinnert.

Wichtig ist, dass Ihre Erinnerungshilfen nicht bereits «verbraucht», das heißt mit früheren Erinnerungen aufgeladen sind, sondern dass sie «frisch» mit Ihrem Mantra in Verbindung gebracht werden. Erinnerungshilfen, die mit Ihrem inneren Bild in Zusammenhang stehen und Ihr inneres Bild immer wieder abrufen, sind besonders wirkungsvoll.

Nachdem Sie zwei bis drei solcher Erinnerungshilfen gewählt und möglichst gut sichtbar an unterschiedlichen Orten platziert haben, schauen Sie sie immer wieder an und erinnern sich bewusst an Ihr Mantra und Ihr inneres Bild. Nach einiger Zeit wird diese mentale Verknüpfung von Gegenstand und Mantra in Ihrem Gehirn automatisiert und die Erinnerung an Ihr Mantra unbewusst ausgelöst.

**Marken-Mantra – die Schritte in Kürze**

1. Formulieren Sie aus den je drei Begriffen des USP und des ESP einen ersten Entwurf für Ihr Marken-Mantra.
2. Versichern Sie sich, dass Ihr Satz der Funktionsweise des Gehirns entsprechend formuliert ist: Überprüfen Sie Ihr Mantra mit Hilfe der Mantra-Checks auf eine positive Formulierung, Selbstwirksamkeit, Kausalität und einen Somatischen Marker über 70.
3. Finden Sie eine knackige, für Sie ganz besonders attraktive Formulierung für Ihr Mantra. Dabei können Sie andere Personen als Ideengeber einbeziehen und sich an den Vorschlägen in diesem Buch orientieren.
4. Überprüfen Sie Ihr Mantra auf Paradessenz.
5. Legen Sie fest, mit welchen Erinnerungshilfen Sie Ihr Mantra in Ihrem Unbewussten verankern wollen.

# Markenleitbild: Der Blick nach vorne

Der zweite Schritt bei der Gestaltung Ihrer nachhaltigen Marke ist der Blick nach vorne: Welche Ziele will ich mit meiner persönlichen Marke erreichen? Welche Netzwerkpartner sollen mich dabei unterstützen? Welche Leistungen will ich erbringen und welche Beziehungen pflegen? Anhand welcher Verhaltensgrundsätze sollen die Menschen in meinem Umfeld spüren, wofür mein Herz schlägt und wofür ich stehe? Dies sind Fragen, die uns bei der Erarbeitung des Markenleitbildes beschäftigen.

## Top-of-Mind – Ihr motivierendes Ziel

Mit dem Marken-Mantra haben Sie beschrieben, wie Sie etwas machen wollen. Mit «Management und Menschlichkeit», «humorvoll und abenteuerlich» oder «erfrischend und dynamisch». Man könnte nun sagen, dass dies bereits genügt, um Ihrer Marke ein klares Profil zu geben. Wenn Sie von nun an strikte Ihr Handeln, Ihren Auftritt, Ihre Kommunikation nach Ihrem Mantra ausrichten, entsteht aus diesen vielen kleinen Teilen langsam das große, deutlich erkennbare Bild.

Den meisten Menschen genügt es jedoch nicht, sich einfach auf eine bestimmte Art zu verhalten. Sie möchten weiterkommen und ihrer Entwicklung eine Richtung geben. Mit anderen Worten: Sie möchten Ziele.

Ziele sind vorweggenommene Resultate. Erst wenn ich mir ein Ziel gesetzt und dieses erreicht habe, kann ich stolz sein auf die erzielten Resultate – und damit auch auf mich und meine Leistung. Wir haben gesehen, dass die Selbstwirksamkeit zu einem immer stärkeren Motor für unser Verhalten wird. Erfolgserlebnisse, etwas Anspruchsvolles geschafft zu haben, und die daraus resultierende Zufriedenheit sind ein wesentliches Motiv für menschliches Handeln.

Im Zusammenhang mit Ihrer persönlichen Marke sprechen wir jedoch nicht von Zielen, wie sie üblicherweise in Karriere-Ratgebern verwendet werden oder die Sie aus Zielvereinbarungen kennen, sondern wir sprechen von Ihrem Top-of-Mind-Ziel.

**Was bedeutet «Top-of-Mind»?**

Welcher Markenname fällt Ihnen ein, wenn Sie «Koffer» denken? Wenn ich diese Frage in meinen Seminaren stelle, erhalte ich immer die identische Antwort: Samsonite. Es scheint auf dem Koffermarkt keine andere Marke zu existieren. Natürlich wissen wir sehr wohl, dass es andere Koffermarken gibt, aber diese kommen den meisten Leuten eben erst als Zweites oder gar nicht in den Sinn. Samsonite hat es geschafft, sich ganz vorne im Bewusstsein der Menschen zu positionieren, gewissermaßen zuoberst in ihren Gedanken. Daher der Begriff «Top-of-Mind». Welcher Markenname fällt Ihnen zuerst ein, wenn Sie an Waschmittel denken? An Autos? An Banken?

Top-of-Mind-Marken haben eine außerordentliche Stellung im Bewusstsein der Konsumenten und werden beim Kauf bevorzugt.

Top-of-mind können jedoch nicht nur Produkte oder Unternehmen sein; auch Menschen können top-of-mind sein: Wer ist der Inbegriff der Blondine? Marilyn Monroe. Wer ist die bekannteste Autorin von Kriminalromanen? Agatha Christie. Wer ist der Vorzeigemanager der letzten Jahrzehnte? Jack Welch. Einen solchen Bekanntheitsgrad zu erreichen, schafft nur die Marke. Die Marke positioniert ihre Trägerin oder ihren Träger als Top-of-Mind.

### In welchem Business sind Sie?

Bevor Sie definieren, wo Sie top-of-mind sein wollen, müssen Sie festlegen, in welchem «Business» Sie heute sind, das heißt, was und wo Sie arbeiten: Sind Sie Führungskraft in einem KMU? Arbeiten sie als Lehrerin an einer Mittelschule? Führen Sie Ihr eigenes Beratungsunternehmen? Sind Sie IT-Spezialistin in einem globalen Pharmaunternehmen? Haben Sie eine Festanstellung oder gehören Sie zu den New Workern, die verschiedene Anstellungen und Aufträge parallel wahrnehmen?

Die Bestimmung Ihrer aktuellen Situation ist wichtig, um zu erkennen, ob Sie innerhalb Ihres angestammten Bereiches top-of-mind sein wollen oder ob Sie sich ganz oder teilweise beruflich verändern müssen, um dies zu erreichen.

### Definieren Sie, wo Sie top-of-mind sein möchten

Woran sollen die Menschen denken, wenn sie Ihren Namen hören? In Bezug auf welche Leistung, welche Handlung, welche Charaktereigenschaft, welche Kompetenz oder welche Wertvorstellung soll den Menschen Ihr Name in den Sinn kommen?

Notieren Sie anhand dieser Fragen alle Top-of-Mind-Ziele, die Sie gerne erreichen möchten. Bestimmen Sie dann, wie umfassend Ihr Ziel sein soll: Bezieht es sich auf Ihre Abteilung, Firma oder Branche? Umfasst es eine spezifische Nische oder ist es großzügiger, eventuell sogar national oder global gefasst?

Sie selber bestimmen Ihren Markt: Setzen Sie attraktive Ziele, nach denen Sie sich strecken müssen und die nicht zu klein sind. Trauen Sie sich etwas zu, aber bleiben Sie auf dem Boden. Wenn Sie um die vierzig Jahre alt sind und als Wirtschaftsprüferin arbeiten, ist es nicht realistisch, als erste Frau auf dem Mars bekannt zu werden, auch wenn Sie das noch so faszinierend fänden.

Formulieren Sie Ihr Top-of-Mind-Ziel als Frage. Hier einige Beispiele:

- «Wer entwickelt die innovativsten Ladenkonzepte für den kleinflächigen Detailhandel in Europa?»
- «Wer entwickelt die effizientesten Talent-Management-Systeme im deutschsprachigen Raum?»
- «Wer ist die gefragteste Compliance-Spezialistin im Raum Frankfurt?»
- Falls Sie Führungsverantwortung tragen, können Sie auch ein spezifisches Führungsziel festlegen: «Wer ist der motivierendste Projektleiter in unserem Unternehmen?»

**Reflektieren Sie Ihre Zukunftspläne**

Nehmen Sie die notierten Vorschläge nun etwas genauer unter die Lupe:

- Analysieren Sie den Zeithorizont: Welche Top-of-Mind-Ziele sind konkret und in wenigen Jahren erreichbar? Welche entsprechen eher Visionen, die Sie nur langfristig erreichen können? Idealerweise hat Ihr Top-of-Mind-Ziel einen Zeithorizont von fünf bis sieben Jahren.
- Legen Sie zudem fest, in welchem Bereich Sie top-of-mind sein wollen: Möchten Sie in Ihrem aktuellen Arbeitsgebiet bleiben? Oder möchten Sie sich gerne verändern und suchen deshalb eine Herausforderung auf einem anderen Gebiet?
- Unter Umständen hat Ihr Ziel gar nichts mit Ihrer aktuellen Tätigkeit, also Ihrem zu Beginn festgelegten Business, zu tun. Vielleicht möchten Sie sich im sozialen Bereich engagieren, ihre politische Karriere vorantreiben oder Sie haben eine Ausbildung abgeschlossen und wollen sich neben Ihrem Job ein zusätzliches Standbein in diesem Bereich auf-

bauen. Broterwerb und «Kuchenjobs» – beides ist möglich in der Creative Economy.

- Ich beispielsweise arbeite seit zehn Jahren als Führungskräftetrainerin und Coach. Das ist mein Business. Mein Ziel hingegen ist es, anerkannte Expertin für Self Branding im deutschsprachigen Raum zu sein. Business und Ziel ergänzen sich: Noch vor fünf Jahren war ich hauptsächlich als Führungstrainerin aktiv, in der Zwischenzeit hat sich das Verhältnis gedreht, und ich arbeite größtenteils im Bereich des Self Branding.

Überarbeiten Sie nun Ihre Liste aufgrund dieser Überlegungen. Vielleicht fallen einige Vorschläge weg, weil sie zu klein, zu unrealistisch oder zu wenig attraktiv sind. Wählen Sie Ihr Top-of-Mind-Ziel aus. Auch hier gilt: Fokus. Sich in der Wahrnehmung bis ganz nach vorne zu arbeiten braucht Zeit und Energie. Deshalb ist es sinnvoll, seine Kräfte zu bündeln und sich auf einen Bereich zu konzentrieren. Wer zu viel auf einmal erreichen möchte, wird scheitern. Achten Sie bei der Wahl auf einen Somatischen Marker von über 70 und konzentrieren Sie sich auf das Ziel, das Ihnen emotional die größte Befriedigung schenkt – denn nur dieses werden Sie mit voller Energie verfolgen.

Und wenn Sie bereits top-of-mind sind? Gratulation, Sie haben alles richtig gemacht. Nun müssen Sie sich allerdings bemühen, in der Pole Position zu bleiben. Bleiben Sie am Ball und feilen Sie weiterhin an der Positionierung Ihrer Marke. Die Konkurrenz schläft nicht.

**Top-of-Mind – die Schritte in Kürze**

1. Bestimmen Sie, in welchem Business Sie tätig sind.
2. Notieren Sie, wo Sie gerne top-of-mind sein möchten. Beantworten Sie dazu die Frage: Wann soll den Menschen mein Name in den Sinn kommen?
3. Bestimmen Sie Ihren Markt, das heißt, legen Sie fest, wie umfassend Ihr Top-of-Mind-Ziel sein soll.
4. Formulieren Sie Ihr Top-of-Mind-Ziel als Frage.
5. Analysieren Sie Ihre Ziele in Bezug auf den Zeithorizont und die Passung zu Ihrer aktuellen beruflichen Situation.
6. Wählen Sie zum Schluss mit Hilfe der Somatischen Marker Ihr motivierendstes Ziel aus.

## Netzwerk – Ihre wertvollen Beziehungen

Mit Ihrem Ziel haben Sie festgelegt, was Sie mit Unterstützung Ihrer persönlichen Marke erreichen möchten. Ihr Mantra sagt Ihnen, wie Sie es erreichen. Nun geht es darum, Ihr Markenimage Schritt für Schritt beziehungsweise Stein für Stein aufzubauen. Dazu beziehen Sie Ihr Netzwerk mit ein.

Ähnlich wie Fischernetze bestehen auch Beziehungsnetze aus Knoten und Verbindungslinien: Es gibt dicke Knoten, das sind die langjährigen, vertrauten Menschen, mit denen uns gemeinsame Erlebnisse und Geschichten verbinden, sowie dünne Knoten, also Personen, die wir nur flüchtig und oberflächlich kennen. Dicke Verbindungslinien wiederum stehen für einen engen, regelmäßigen Kontakt, dünne Verbindungen weisen auf einen losen Kontakt hin. Das Netz ist umso stabiler, je mehr dicke Knoten und Verbindungslinien es besitzt.

Indem wir Beziehungen regelmäßig pflegen und unseren Netzwerkpartnern unsere Zeit, unser Wissen und unsere Verbindungen zur Verfügung stellen, werden die Linien und Knoten unseres Netzwerks immer dicker und stabiler. Im Gegenzug erhalten wir Zugang zu den Ressourcen des sozialen und gesellschaftlichen Lebens wie praktische oder emotionale Unterstützung, Anerkennung, Wissen, Empfehlungen und Insidertipps bis hin zur Vermittlung von Aufträgen oder Arbeitsplätzen. Diesen Gewinn, der durch die Einbindung in soziale Netzwerke entsteht, nennt die Wissenschaft «Sozialkapital».

### Reich dank sozialem Kapital

Das eigene soziale Kapital trägt zum persönlichen Wohlbefinden sowie zum gesellschaftlichen Erfolg bei. Seine Basis ist das Vertrauen, auf der sich Kooperation und gegenseitige Unterstützung entwickeln können. Im Gegensatz zu den übrigen Kapitalvarianten lassen sich beim Sozialkapital keine Eigentumsrechte definieren, ebenso wenig mindert der Gebrauch seinen Wert. Im Gegenteil: Je mehr ich mein Sozialkapital, das heißt meine Kontakte nutze, desto stabiler wird mein Netzwerk und desto mehr soziales Kapital häufe ich wiederum an.

Statt nach Schulabschlüssen und Zertifikaten zu streben, investieren Netzwerker in Beziehungsaufbau und -pflege sowie das Wissen, die Fähigkeiten und Techniken, die im Zusammenhang mit sozialen Netzwerken relevant sind. Ein Konzept, das in der Creative Economy großen Erfolg verspricht. Doch wie kann ich Sozialkapital anhäufen?

Die Forschung zeigt, dass die Höhe des jeweils verfügbaren Sozialkapitals zum einen von der Größe und Stabilität des Netzwerks und zum anderen von der Verschiedenheit der Mitglieder des Netzwerks abhängt. Wer über ein großes Netzwerk verfügt, das Menschen aus ganz unterschiedlichen Bereichen umfasst, profitiert stärker als jemand, der sich vor allem mit Personen aus dem gleichen Bereich vernetzt. Dieser Punkt ist für Sie interessant, da Sie aufgrund des großen Angebots an Netzwerkplattformen immer eine Auswahl treffen müssen. Für welche Plattformen entscheiden Sie sich? Generell gilt: Berufs- und branchenspezifische Netzwerke eignen sich mehr zum fachlichen Austausch, gemischte Netzwerke bieten mehr Chancen für Jobs und Aufträge.

### Netzwerke sind immer persönlich

Vielleicht ist Ihnen bereits aufgefallen, dass ich die Begriffe «Netzwerke» und «Netzwerkplattformen» unterscheide. Netzwerke sind immer persönlich: Ich habe mein Netzwerk, Sie haben Ihres. Netzwerkplattformen dagegen sind Gruppierungen, an denen ich mich beteiligen kann und die es mir ermöglichen, Menschen kennenzulernen – die ich dann wiederum in mein Netzwerk aufnehmen kann. Die Mitgliedschaft bei einem Club, einem Verband oder einer Servicegesellschaft allein macht also noch nicht das Netzwerk. Aber es gibt mir die Möglichkeit, interessante Menschen kennenzulernen, die später vielleicht zu einem dicken Knoten in meinem Netzwerk werden.

In der Welt der Creative Economy hat das Networking sein angestaubtes Image von Filz und Seilschaften abgestreift. Netzwerke gehören zum modernen Arbeitsstil genauso wie Laptop und Mobiltelefon. Denn das Prinzip der Vetternwirtschaft gehört immer mehr der Vergangenheit an. Wer kann es sich bei steigendem Wettbewerb und Kostendruck noch leisten, Aufgaben nach Gefälligkeiten zu vergeben? Networking wird für jeden von uns immer stärker zu einem wirtschaftlichen Faktor. Wer konkurrenzfähig sein will, engagiert den Besten, den er kriegen kann. Und wenn ihm diese Perle von einem Netzwerkparter empfohlen wird – umso besser.

Wenn Ihre Beziehungen stimmen, wenn Sie als Expertin gelten und hochwertige Leistung erbringen, entstehen Empfehlungen fast von selbst. Zögern Sie also nicht, nach Unterstützung zu fragen – Ihre Netzwerkpartner werden Ihnen diese gerne geben.

**Von PR-Agenten und grauen Eminenzen**

Bestimmt gibt es auch in Ihrem Netzwerk Menschen, die eine besondere Stellung einnehmen. Menschen, die von Ihnen und Ihrem Tun überzeugt sind und die gerne über Ihre Leistungen und persönlichen Geschichten berichten. Denn Menschen erhalten nicht nur gerne Empfehlungen, sie tun auch gerne anderen einen Gefallen, etwa um mit einem guten Tipp aufzutrumpfen.

Solche «PR-Agenten» sind äußerst wertvoll; sie sind Multiplikatoren, die wiederum ihr eigenes Netzwerk nutzen, um die Werbetrommel für Sie zu rühren. Denn es zählen nicht nur die Menschen, die wir selber kennen, sondern auch die, die unsere Agenten kennen.

Identifizieren Sie diese Personen und binden Sie sie aktiv in Ihre PR-Strategie ein: Versorgen Sie sie regelmäßig mit Informationen und positiven Berichten über sich, machen Sie sich für sie nützlich und zeigen Sie ihnen, dass Sie wertvoll sind. So ist Ihnen die Mund-zu-Mund-Propaganda sicher.

Ebenfalls wichtig sind Personen, die sich zwar im Hintergrund halten, aber dennoch einen großen Einfluss auf die Entscheidungsträger ausüben: die grauen Eminenzen. Der Begriff der «grauen Eminenz» bezeichnet eine einflussreiche Person, die nach außen nicht oder kaum in Erscheinung tritt, im Hintergrund jedoch die Fäden zieht, indem sie Ratschläge gibt und

Meinungen bildet. Es ist also durchaus lohnend und geschickt, nicht ausschließlich auf die vordergründig wichtigen Leute abzustützen, sondern die mächtigen Personen im Hintergrund zumindest gedanklich miteinzubeziehen.

**Die Kunst des virtuellen Netzwerkens**

Internetportale sind eine gute Möglichkeit, Kontakte anzubahnen. Die Kunst des virtuellen Networkings besteht jedoch nicht darin, online Kontakte zu knüpfen, sondern diese Kontakte auch in geschäftliche Vorteile umwandeln zu können.

Auch wenn ein aussagekräftiger Eintrag auf einer virtuellen Plattform heute ein Must ist – zum professionellen Networking gehört mehr als das Ausfüllen eines Online-Profils und ein bisschen «Rumklicken». Virtuelle Kontakte sind unverbindlicher und weniger tragfähig als reale. Damit die verlinkten Kontakte nicht nur Pseudokontakte sind, müssen Sie einen zwischenmenschlichen Bezug herstellen, beispielsweise indem Sie Ihrem Kontakt nützliche Informationen und Tipps zukommen lassen und sich gegenseitig Unterstützung geben, wodurch ein Vertrauensverhältnis aufgebaut wird und ein Klima der gegenseitigen Hilfsbereitschaft entsteht. Der Ausspruch «Geben ist seliger denn Nehmen» hat eben auch im Web 2.0 seine Gültigkeit.

Wer einen neuen Job oder Aufträge sucht, sollte sich jedoch nicht allein auf das virtuelle Netzwerken verlassen. Online-Netzwerke können nur flankierend sein. Sie eröffnen Möglichkeiten, an spannende Menschen heranzukommen – eine vertrauensvolle Beziehung kann sich jedoch nur im persönlichen Austausch entwickeln.

Vertrauen ist das Kapital jedes Netzwerks. Wo kein Vertrauen ist, wird ein Netzwerk seinen Zweck nicht erfüllen. Ein Netz ohne Vertrauen generiert kein soziales Kapital. Wir mögen dann vielleicht glauben, dass wir «befreundet» sind, echte Unterstützung werden wir ohne Vertrauen jedoch nicht erhalten.

Professionelle Online-Netzwerker besuchen regelmäßig Veranstaltungen, auf denen sie ihre virtuellen Kontakte kennenlernen. Dies führt meist zu einer Vertiefung der Beziehung und endet nicht selten in einem Auftrag, einem gemeinsamen Projekt oder einer Empfehlung. Denn nur wer andere persönlich kennenlernt, weiß, ob er mit dieser Person zusammenarbeiten möchte und ob er sie guten Gewissens weiterempfehlen kann.

Networking ist ein zentrales Instrument für das Marketing der eigenen Person und ein geeignetes Mittel, um seinen Bekanntheitsgrad zu steigern. Durch Beziehungsarbeit hat jeder Einzelne die Möglichkeit, sein Sozialkapital zu vergrößern. Doch wie schaffe ich mir auf intelligente, professionelle und sympathische Art ein Netzwerk, das mich beruflich weiterbringt, nicht allzu viel Zeit beansprucht und mir auch noch Spaß macht?

Die folgenden Übungen zeigen, wie das geht. In einem ersten Schritt analysieren Sie Ihr Netzwerk. Dadurch erkennen Sie, welche Personen für Ihr berufliches Vorwärtskommen wichtig sind, in welche Bereiche Sie Ihre Zeit investieren sollten und wo Ihr Netz Lücken hat, die Sie füllen sollten. In den folgenden Kapiteln legen Sie dann eine Strategie fest, die Ihnen hilft, zu diesen Personen eine gewinnbringende Beziehung aufzubauen.

### Analysieren Sie Ihr Netzwerk

Für diese Übung benötigen Sie kleine Post-it-Zettel und ein möglichst großes Blatt Papier.

Notieren Sie auf den Post-it-Zetteln alle Menschen oder

Gruppen von Menschen, die momentan zu Ihrem Netzwerk gehören. Schreiben Sie dabei pro Zettel einen Namen beziehungsweise eine Gruppe auf. Gruppen dürfen Sie dann bilden, wenn die Interessen und Bedürfnisse der Gruppenmitglieder ähnlich sind. Sind die Interessen und Bedürfnisse der Gruppenmitglieder jedoch unterschiedlich, müssen Sie diese getrennt notieren.

Ein Beispiel: Wenn Sie «Kunden» als Netzwerkpartner erfassen wollen, überlegen Sie sich, ob Sie diese in Untergruppen mit ähnlichen Interessen zusammenfassen können. Bei mir wäre eine Gruppierung in «Firmenkunden, die Seminare buchen», «Einzelkunden, die bei mir individuelle Coachings besuchen» und «Kunden, die mich als Referentin einladen» möglich. Alle drei Gruppen unterscheiden sich deutlich voneinander, innerhalb der Gruppen sind die Bedürfnisse jedoch homogen.

In einem nächsten Schritt schauen Sie sich nochmals Ihr Top-of-Mind-Ziel an und notieren zusätzlich alle Netzwerkpartner, die für die Erreichung dieses Ziels wichtig sind. Es kann sein, dass Sie hier keine Namen nennen können, weil Sie gar nicht wissen, wie die entsprechende Person heißt. Dies können zum Beispiel Vertreter von Ämtern, Medienschaffende, Personalvermittler oder potenzielle Kunden sein. Notieren Sie in dem Fall die entsprechende Position ohne Namen.

Malen Sie dann auf jedes Post-it Ihre Beziehung zum jeweiligen Netzwerkpartner auf: Ein dicker schwarzer Punkt steht für einen dicken Knoten beziehungsweise eine enge Beziehung und eine dicke schwarze Linie für häufige Kontakte. Ein kleiner Punkt und eine dünne Linie stehen für eine lockere Beziehung und losen Kontakt.

Markieren Sie zudem alle Personen, welche die Rolle von PR-Agenten einnehmen könnten. Falls Sie das Gefühl haben, dass eine «graue Eminenz» im Hintergrund die Fäden zieht, halten Sie diese ebenfalls auf einem Post-it fest, auch wenn sie nicht direkt zu Ihrem persönlichen Netzwerk zählt.

Nun malen Sie auf Ihrem Blatt Papier drei Kreise, A, B und C, und kleben Ihre Zettel folgendermaßen in diese Kreise:

- Innerster Kreis – Ihre A-Partner. Diese Menschen oder Gruppen sind besonders wichtig für Ihren beruflichen Erfolg und/oder die Erreichung Ihres Top-of-Mind-Zieles. Sie beeinflussen Ihren Erfolg direkt.
- Mittlerer Kreis – Ihre B-Partner. Diese Menschen oder Gruppen sind für Ihren beruflichen Erfolg und/oder die Zielerreichung immer noch wichtig, allerdings weniger wichtig als A. Sie beeinflussen Ihren Erfolg eher indirekt.
- Äußerer Kreis – Ihre C-Partner: Diese Menschen oder Gruppen haben keinen Einfluss auf Ihren beruflichen Erfolg und die Erreichung Ihres Top-of-Mind-Zieles.

Analysieren Sie nun das Bild, das sich ergibt: Wo kleben die meisten Zettel? Wie viele A-Partner zählen Sie, wie viele B- und C-Partner? Ist Ihnen bei allen Partnern klar, in welche der drei Kategorien sie gehören? Und mit welchen Partnern verbringen Sie am meisten Zeit?

Meine Kundinnen und Kunden stellen bei dieser Analyse häufig fest, dass sie ihre Zeit größtenteils mit den Menschen verbringen, die ihnen beruflich kaum Vorteile bringen. Vom kollegialen Standpunkt her ist das auch in Ordnung. Wenn Sie jedoch Networking gezielt nutzen wollen, um Ihrem Ziel näherzukommen, sollten Sie sich vermehrt mit den Menschen beschäftigen, die Ihnen berufliche Vorteile bringen. Und das sind Ihre A-Partner.

Besonderes Augenmerk gilt zudem den Personen, deren Namen Sie nicht kennen. Falls diese zum A- oder B-Kreis gehören, sollten Sie Ihre Wissenslücken schließen und sich die fehlende Information beschaffen.

Zu wissen, wo das Netz Lücken und Sie Unsicherheiten haben, ist äußerst wichtig, damit Sie gezielt und aktiv Ihr Netzwerk ausbauen können. Wenn Sie hingegen nicht einschätzen können, in welche Kategorie ein Partner gehört, wissen Sie auch nicht, wie Sie sich ihm gegenüber verhalten sollen.

### Bloß keine Berührungsängste

Dem Thema Networking stehen viele Menschen ambivalent gegenüber. Einerseits wissen sie, wie wichtig soziale Kontakte für ihr Berufs- und Privatleben sind, andererseits fühlen sie sich beim Gedanken an eine gezielte Beziehungspflege unsicher oder gar geniert. Auf meine Frage, warum sie dies so empfinden, entgegnen sie meistens, dass sie niemanden belästigen oder ausnutzen wollen.

Die Angst, anderen lästig zu sein oder nach einer Hilfeleistung in ihrer Schuld zu stehen, ist zweifelsohne Teil unserer gesellschaftlichen Normen. Berührungsängste und noble Zurückhaltung sind beim Networking jedoch nicht dienlich.

Ich habe einige Kunden oder Kolleginnen, die sich aufgrund ihrer Fähigkeiten und ihres Engagement selbstständig machen könnten, die zukunftsträchtige Ideen und den nötigen Drive hätten. Sie schwärmen von ihren Ideen, doch wenn es um das Thema «Akquisition» geht, heißt es gequält: «Aber diese Akquisition, die würde ich nie schaffen.»

Dabei ist die Akquisition nicht nur für Selbstständige und Projektarbeiterinnen ein wichtiges Thema, sondern genauso für Angestellte. Akquisition heißt Kundengewinnung. Und Kunden sind nicht nur außerhalb, sondern auch innerhalb des Unternehmens anzutreffen. Ob Sie Buchhalter in einem KMU, Personalchefin eines global tätigen Unternehmens, Regionalpolitikerin oder Pfarrer einer Kirchgemeinde sind: Sie haben Kundinnen und Kunden. Und diesen müssen Sie immer wieder von Neuem Ihre Ideen, Projekte und Resultate verkaufen. Wie das geht, erfahren Sie auf den folgenden Seiten.

**Netzwerk – Die Schritte in Kürze**

1. Notieren Sie alle Menschen oder Gruppen, die in Ihrer momentanen Situation zu Ihrem Netzwerk gehören, und sortieren Sie sie in A-, B- und C-Kontakte.
2. Notieren Sie zusätzlich alle Personen, die im Hinblick auf Ihr Ziel zu Ihrem Netzwerk gehören sollten, und sortieren Sie diese ebenfalls.
3. Analysieren Sie das Ergebnis. Für Ihren aktuellen und zukünftigen beruflichen Erfolg sind Ihre A- und B-Kontakte am wichtigsten: Behandeln Sie sie auch so? Wie viel Zeit verwenden Sie auf diese Kontakte?

## Leistungen – wie Sie andere von sich überzeugen

Akquisition ist nichts anderes als Beziehungsaufbau und Beziehungspflege – und damit etwas, was Sie tagtäglich tun. Ich werde Ihnen helfen, dies von nun an bewusst und gezielt zu tun, denn ich habe ein Vorgehen entwickelt, das Ihnen hilft, auf professionelle und systematische Art zu netzwerken.

Natürlich ist es hilfreich, wenn Sie zu Ihren wichtigsten Netzwerkpartnern eine freundschaftliche Beziehung aufbauen. Und ab und zu mit den Vorgesetzten zu Mittag essen ist sicherlich nicht hinderlich. Für ein professionelles Networking, wie ich es hier vorschlage, ist dies jedoch nicht Voraussetzung. Sie können den Kontakt zu einer Person auf einer professionellen Ebene durchaus auch suchen, wenn Sie diese nicht außerhalb der Büroräume treffen und auch nicht weiter mit ihr befreundet sind. Denn Networking, wie ich es Ihnen nun vorstelle, verläuft nicht in erster Linie über soziale Anlässe, gemeinsame Mittagessen oder ein Bierchen nach der Arbeit.

**Bedürfnisse, Interessen und Erwartungen**

Erst geben, dann nehmen. Das ist der einfache Mechanismus, über den Netzwerke funktionieren. Und diesen Gedanken wollen wir uns nun zunutze machen.

Sie haben in der vorhergehenden Übung Ihre verschiedenen Netzwerkpartner aufgelistet und nach der Bedeutung für Ihren beruflichen Erfolg und die Erreichung Ihres Zieles gewichtet. Mit dieser Vorlage werden wir nun weiterarbeiten und Ihren Umgang mit Ihren Netzwerkpartnern festlegen.

Für Ihre A- und B-Partner sollten Sie die folgende Übung detailliert bearbeiten. Ihre C-Partner haben keinen Einfluss auf Ihren aktuellen oder geplanten beruflichen Erfolg, deshalb bearbeiten Sie diese Gruppe nicht.

Starten Sie mit den A-Partnern. Notieren Sie für jeden A-Partner, welches seine Bedürfnisse und Interessen sind und welche Erwartungen er an Sie hat. Welche Bedürfnisse in Bezug auf mich hat dieser Partner? Was sind seine Interessen? Welche Erwartungen hat er an mich?

Konzentrieren Sie sich dabei nicht nur auf die Hard Factors, also die rein sachlichen und funktionalen Aspekte, sondern beziehen Sie auch gefühlsmäßige Aspekte mit ein: Welche Bedürfnisse und Erwartungen hat dieser Partner auf der emotionalen

Ebene? Welche Anforderungen stellt er an unsere Beziehung? Wie viel Nähe möchte er und wie viel Distanz?

Wenn Sie die A-Partner bearbeitet haben, gehen Sie zu den B-Partnern, und wiederholen Sie die Übung. Betrachten Sie nun die Informationen, die Sie auf diese Weise zusammengetragen haben: Sind Ihnen die Bedürfnisse, Interessen und Erwartungen aller Netzwerkpartner bekannt? Nein? Das ist häufig der Fall bei Personen, zu denen noch kein persönlicher Kontakt besteht. Das bedeutet, dass Sie sich diese Information beschaffen müssen.

### Machen Sie den ersten Schritt

Vielleicht fragen Sie sich jetzt, weshalb ich nicht meine Erwartungen an die andere Partei notiere. Doch das würde dem Mechanismus, wie ich ihn oben erwähnt habe, widersprechen.

Netzwerke basieren auf dem Prinzip der Reziprozität: Wenn wir etwas erhalten haben, möchten wir auch wieder etwas zurückgeben. Dieses Prinzip der Gegenseitigkeit stellt ein Grundprinzip menschlichen Handelns dar: In einer Gesellschaft sind Menschen immer voneinander abhängig, und erst durch gegenseitige Unterstützung entstehen Beziehungen und gegenseitiges Vertrauen.

Ausgewogenheit ist beim Networking das Wichtigste. Nur wer bereit ist, anderen etwas zu geben, wird selbst etwas zurückbekommen. Von seinem Netzwerk kann nur profitieren, wer zuerst etwas ins Netzwerk hineingegeben hat. Erst wenn ich den ersten Schritt gemacht, andere mit meinem Wissen und meinen Kontakten unterstützt habe, werden auch sie mich gerne unterstützen. Networking ist damit eine Investition in die Zukunft: Investiere heute, profitiere morgen.

Um dieses Prinzip bewusst zu nutzen, müssen wir allerdings

wissen, was wir dem Netzwerkpartner geben könnten, das für ihn einen Wert hat. Aus diesem Grund überlegen wir uns, welche Bedürfnisse, Interessen und Erwartungen er hat – so können wir in einem nächsten Schritt festlegen, wie wir ihn unterstützen wollen.

### Fragen Sie nach und hören Sie zu

Sich dem zuzuwenden, wofür sich mein Gegenüber interessiert, ist die einfachste Form der Anteilnahme und birgt ein erhebliches Potenzial, Verbindung herzustellen. Um zu erfahren, was meine Partner wünschen, braucht es ein echtes Interesse an ihrer Person, ihren Motiven, Absichten, Vorlieben oder Abneigungen. Dazu reicht eine gute Beobachtungsgabe meist nicht aus, vielmehr braucht es das Gespräch.

Sprechen Sie Ihre Netzwerkpartner auf ihre Bedürfnisse, Interessen und Erwartungen an. Seien Sie dabei sensibel für deren Reaktion, so dass Sie erkennen, ob sich die Person im Gespräch wohl fühlt. Drängen Sie sich nicht auf und strapazieren Sie die Zeit des anderen nicht ungebührlich. Ihr Gegenüber soll sich auf das nächste Gespräch mit Ihnen freuen können. Und vor allem: Stellen Sie Fragen und hören Sie aufmerksam zu. Nur ein guter Zuhörer erfährt, was sein Gegenüber denkt und sich wünscht. Ihr Gesprächspartner sollte mindestens zwei Drittel der Redezeit beanspruchen.

### Warum Leistung uns nicht differenziert

Wie wir bei den Trends gesehen haben, ist die Leistung wichtiger denn je. Dabei umfassen «Leistungen» alles, was dem anderen einen Nutzen bringt. Wenn Sie angestellt sind, können Sie Ihrem Vorgesetzten unaufgefordert Informationen zur Verfügung stellen. Sie können ihm aber auch anbieten, ihm gewisse

Aufgaben abzunehmen, für die ihm die Zeit fehlt. Besonders geeignet dazu sind Aufgaben, die Sie selber auch interessieren und die für Sie einen Entwicklungsschritt darstellen. Auf diese Weise schaffen Sie Win-win-Situationen: Ihr Chef profitiert, indem er diese Aufgaben nicht mehr selber machen muss, und Sie profitieren, da Sie etwas Neues lernen können, das Ihnen zukünftig nützt.

Gleichzeitig ist es aber sehr schwierig, sich über Leistung zu differenzieren, denn Leistung und Qualität sind Basics, über die Sie sich kaum profilieren können. Ob Sie ein Reisebüro führen, als Anwalt, Buchprüfer oder Architekt arbeiten oder Politik machen: Der Grundnutzen differenziert Sie nicht von Ihren Konkurrenten. Die Kundschaft erwartet vom Reisespezialisten, dass er ortskundig ist. Der Klient erwartet, dass ein Jurist die Rechtsprechung kennt. Der Bauherr erwartet, dass der Architekt korrekte Pläne zeichnet, genauso wie der Wähler erwartet, dass sich eine Politikerin seiner Couleur für seine Belange einsetzt. Sein eigenes Fachgebiet zu beherrschen, seine Kunden zu kennen und sie angemessen zu behandeln ist nichts Außergewöhnliches, sondern Voraussetzung fürs Geschäft.

### Wie Sie sich von anderen abheben

Sich differenzieren heißt, nicht so zu sein wie alle anderen. Einzigartig zu sein heißt, in seiner Art der Einzige zu sein. Sie suchen also nach einer Leistung, die Sie von der Konkurrenz abhebt. Doch welche Möglichkeiten haben Sie, um sich über Leistung zu differenzieren?

Sie haben gute Chancen, herauszuragen, wenn Sie auf einem Gebiet der Erste sind. Pioniere faszinieren, denn sie sind wagemutig, gehen neue Wege – und diesen Unternehmergeist schätzen wir. Zudem schenken wir dem Original am liebsten unser Vertrauen: Es ist das Echte, also muss es auch das Beste sein. Dies gilt für Coca-Cola genauso wie für Sigmund Freud, Begründer der Psychoanalyse, oder Edward Hillary, der als Erster den Mount Everest bestieg.

Sie können auch einen «Produkthit» landen, indem Sie etwas entwickeln, das just im richtigen Moment zum Bestseller wird und Ihnen schlagartig zu großer Bekanntheit verhilft. Wie John Gray, der mit der Formel «Männer sind vom Mars, Frauen sind von der Venus» weltberühmt wurde. Viele haben seither Grays Konzepte aufgenommen und kopiert, er aber ist und bleibt in unseren Köpfen der Leader des Metiers.

Vielleicht gelingt es Ihnen auch, eine bestimmte Eigenschaft zu besetzen. So steht Elvis synonym für Rock'n'Roll, J.R.R. Tolkien für Fantasy-Literatur, Coco Chanel für das «Kleine Schwarze» und Mahatma Gandhi für den gewaltfreien Widerstand.

Eine weitere Möglichkeit ist die Spezialisierung. Wer sich in einem Bereich spezialisiert und sich als Expertin ausweist, kann sich unter Umständen von seinen Konkurrenten abheben. Denn in heiklen Situationen vertrauen die Leute lieber der Expertin als dem Generalisten. Claude Nicollier zum Beispiel, der erste und bislang einzige Schweizer Astronaut, hat sich für seinen Job qualifiziert, indem er sich auf einem winzigen Gebiet spezialisierte. Als dann genau diese eine Fähigkeit benötigt wurde, war er die naheliegende Wahl.

Spezialisierung ist die einfachste Methode, um sich von der großen Masse abzuheben. Denn Spezialisierung gibt es auf jedem Gebiet. Ein Arzt kann sich genauso spezialisieren wie ein Hotelier, Apotheker oder Florist. Die Krux dabei: Auch Herzchirurgen und Scheidungsanwälte gibt es viele. Sie haben sich dann zwar von der ganz großen Masse abgehoben, einzigartig im Sinne von «der Einzige» sind Sie aber noch lange nicht.

Eine erfolgreiche Spezialisierung erfordert deshalb die Konzentration auf eine enge Nische, in der Sie einen neuen Markt schaffen, den noch niemand für sich beansprucht und in dem Sie wiederum Pionier sind. So gibt es im Kanton Zürich bereits seit einigen Jahren einen Tieranwalt, eine nach eigenen Angaben einzigartige Institution. Und vom Märchenhotel in Braunwald, wo der Hotelier allabendlich Geschichten erzählt, schwärmen mein Patenkind und seine Mutter seit Jahren.

Falls Sie nun aber kein so virtuoser Geigenspieler wie Yehudi Menuhin sind und auch keinen Hit gelandet haben wie Fernsehkoch Jamie Oliver: Wie können Sie sich im Rahmen Ihrer alltäglichen Arbeit profilieren und differenzieren?

### Vollbringen Sie Heldentaten

Vor einigen Monaten hatte sich eine Kundin darüber beklagt, dass sie im Rahmen der internen Leistungsbeurteilung nicht die Benotung erhielt, die sie erwartet hatte. Zwar war ihre Beurteilung durchwegs positiv. Für eine Beförderung reichte es dennoch nicht.

Im Verlauf unseres Gesprächs hat meine Kundin dann erkannt, dass sie sich mit einer guten, soliden Leistung, die jedoch «nur» das Erwartete abdeckt, keine Lorbeeren verdienen kann. Eine wirklich herausragende Beurteilung wird sie nur dann erreichen, wenn sie «Heldentaten» vollbringt, die unerwartet sind und ihr dadurch Extrapunkte einbringen.

Um gute Leistung zu erbringen, stehen uns zwei Wege offen:

- Wir machen unseren Job, also das, was von uns *erwartet* wird, gut oder sogar sehr gut.

- Wir tun zusätzliche Dinge, die man von uns weder fordert noch erwartet. Dies bringt uns *Extrapunkte;* allerdings nur, wenn diese Zusatzleistungen für unser Gegenüber einen Nutzen haben. Wenn sie keinen Mehrwert bieten, bringen sie uns keine Extrapunkte.

Diese beiden Möglichkeiten lassen sich in einer Matrix mit vier Feldern darstellen:

**Feld 1 – Ballast**

Feld 1 umfasst Leistungen, die nicht zu Ihrem Aufgabengebiet gehören oder die zumindest von Ihrem Vorgesetzten oder Kunden nicht als relevant angesehen werden. Dementsprechend werden diese Leistungen auch gar nicht von Ihnen gefordert. Da die Tätigkeiten in diesem Feld für Ihre Netzwerkpartner keinen Nutzen haben, sind hier auch keine Extrapunkte zu holen.

Hier finden sich häufig Tätigkeiten, die automatisiert oder ausgelagert werden können, zum Beispiel das Führen komplexer Pendenzenlisten in Excel, obwohl es dazu ein Computerprogramm gäbe. Auch Aufgaben, die andere abschieben und auf Ihrem Schreibtisch landen, gehören dazu oder Arbeiten, die Sie selber bearbeiten, obwohl es einen Spezialisten gäbe, wie beispielsweise ein PC-Problem lösen. Führungskräfte tun sich häufig schwer damit, fachliche Aufgaben abzugeben, da sie diese Aufgaben selber über Jahre ausgeführt haben, sich darin kompetent fühlen und Spaß daran haben.

Was bedeutet dies für Sie und Ihre Leistungserbringung? Von Leistungen auf Feld 1 rate ich ihnen ab, da diese Tätigkeiten nicht selten arbeitsintensiv sind und Aufwand und Ertrag in einem schlechten Verhältnis stehen. Sie decken das ungünstige Ende des Pareto-Prinzips ab: 80 Prozent Aufwand für 20 Prozent Ertrag. Stellen Sie sich deshalb regelmäßig die Frage: Was wird von mir erwartet? Woran werde ich gemessen?

Minimieren Sie Ihren Aufwand, indem Sie diese Tätigkeiten delegieren und nur so wenig wie möglich und so viel wie nötig leisten.

Falls Sie diese Aufgaben dennoch erbringen müssen, da sie zu Ihrem Aufgabengebiet gehören oder eine notwendige Grundlage für weitere Arbeiten sind, versuchen Sie, Ihre Leistungen sichtbar zu machen und Ihre internen und externen Kunden für deren Bedeutung zu sensibilisieren.

Wenn Sie selbstständigerwerbend sind, sollten Sie sich auf Ihr Kerngeschäft konzentrieren, also die Leistungen, die zu Ihrem Angebotsportfolio gehören und vom Kunden bezahlt werden. Typische Feld-1-Aufgaben wie die Buchhaltung oder das Gestalten Ihrer Homepage sollten Sie auslagern und einem Profi überlassen.

**Feld 2 – Solide Leistung**

Dieses Feld entspricht bei Angestellten der Tätigkeitsbeschreibung und bei Selbstständigen dem, was vom Kunden als Basisleistung erwartet wird: eine zuverlässige, solide Leistung. Es bildet die Situation der oben beschriebenen Kundin ab, die einen ausgezeichneten Job macht, jedoch nichts Unerwartetes oder Zusätzliches bietet.

Wenn Sie sich für Feld 2 entscheiden, werden Sie von Ihren Vorgesetzten gute Feedbacks erhalten und auf zufriedene Kunden zählen können. Allerdings werden Sie kaum für anspruchsvolle und prestigeträchtige Zusatzaufgaben angefragt. Bezüglich Ihrer Kunden besteht die Gefahr, dass diese den Anbieter wechseln, sobald Ihre Konkurrenz mehr bietet.

«Gut» ist in unserer Konkurrenzgesellschaft leider häufig nicht gut genug. Auf Feld 2 laufen Sie Gefahr, langsam, aber sicher ins Hintertreffen zu geraten. Ganz besonders akut ist diese Gefahr für Selbstständige oder Projektarbeiter: Wer keine Extraleistungen erbringt, ist auf Dauer nicht wettbewerbsfähig, wer sich auf seinen Leistungen ausruht, ist schnell weg vom Fenster.

Feld 2 dürfen Sie also nur wählen, wenn Sie mit dem Status Quo, Ihren Aufgaben und Ihrer Auftragslage zufrieden sind, keine Ambitionen haben oder nicht bereit sind, mehr zu leisten als bisher.

**Feld 3 – Mehrwert**

Feld 3 ist das erste Feld, in dem Sie Extrapunkte sammeln können. Dies gelingt Ihnen, indem Sie in Ihrem angestammten Gebiet und Verantwortungsbereich Verbesserungen vornehmen und umsetzen oder etwas Zusätzliches anbieten, das zwar zu Ihrem Job dazugehört, Ihren Vorgesetzten oder Kunden aber dennoch einen Mehrwert bietet. Als Einkaufsleiter beispielsweise können Sie den Einkaufsprozess so rigoros umgestalten, dass größere Kosteneinsparungen erzielt werden als erwartet.

Ich entwickle für meine Trainings und Workshops jeweils ein Drehbuch, das Ablauf, Themen und didaktisches Vorgehen beschreibt. Dieses Drehbuch stelle ich den Kunden einige Wochen vor dem Workshop zu. Ich sehe dies als Teil meines Jobs, weil die meisten Trainer einen Ablaufplan in irgendeiner Form erstellen – allerdings stellen sie diesen ihren Kunden selten zur Verfügung. Und genau darin liegt aus Kundensicht der Mehrwert: Der Kunde kann sich vorab im Detail informieren, Fragen stellen und Wünsche äußern. Da er weiß, was im Training konkret abläuft, gewinnt er Sicherheit. Dies ist eine typische Leistung auf Feld 3: Sie ist nichts Bahnbrechendes, stiftet dem Kunden aber dennoch einen Mehrwert.

**Feld 4 – Heldentaten**

Um den anderen zu verblüffen und seine Aufmerksamkeit zu erregen, müssen meine Leistungen über das Erwartete hinausgehen. Heldentaten sind Leistungen, die niemand von Ihnen gefordert oder erwartet hat. Es ist das zusätzliche Engagement, die unverhoffte Unterstützung in einer heiklen Situation, der zusätzliche Service, den die Konkurrenten nicht bieten. Wie der IT-Berater, der nicht nur die technische Lösung liefert, die der Kunde bei ihm bestellt hat, sondern der gleich auch noch eine Lösung aufzeigt, wie die Auslastung verbessert werden kann. Meine Schwester schwärmte mir kürzlich von einer Boutique vor, in der sie ein Shirt gekauft hatte, das sie häufig trug. Nachdem es einen Fleck hatte, ging sie in die Boutique und wollte ein neues Shirt kaufen. Die Ladenbesitzerin hat ihr daraufhin ein identisches Shirt geschenkt. Seither ist meine Schwester dort Stammkundin. Ein verblüffender Service, der zwar nicht ganz billig ist, sich langfristig aber auszahlt.

Feld 4 ist für Ihr berufliches Vorwärtskommen am günstigsten, denn Heldentaten werden nicht nur von den Betroffenen sehr geschätzt – sie werden auch weitererzählt. Deshalb verschaffen Heldentaten die größte Sichtbarkeit bei geringstem Aufwand. Sie entsprechen dem Optimum des Pareto-Prinzips: 20 Prozent Aufwand schaffen 80 Prozent Sichtbarkeit.

Wie der Begriff schon sagt, sind Heldentaten nicht alltäglich. Heldentaten verlangen Kreativität und Innovationskraft, Energie und Ressourcen, da Extrapunkte nur über zusätzliche und unerwartete Leistungen erreicht werden können – und dies bei gleichbleibender Basisleistung.

### Schaffen Sie Win-win-Situationen

Leistungen auf den Feldern 3 und 4 schaffen Win-win-Situationen: Der andere gewinnt, da er etwas erhält, mit dem er gar nicht gerechnet hat, und Sie gewinnen, da Sie dadurch einen dicken Knoten in Ihrem Netzwerk schaffen und sich in der Wahrnehmung eines wichtigen Netzwerkpartners – und mit etwas Glück auch seiner Netzwerkpartner – in die Pole Position rücken.

Letztendlich entscheiden Sie selbst, welche Quadranten Sie besetzen wollen. Möchten Sie einen nachhaltigen Brand entwickeln, kann ich Ihnen allerdings nur die Felder 3 und 4 empfehlen – und diese am besten in Kombination. Die Praxis zeigt: Wer regelmäßig in seinem angestammten Gebiet Neuerungen mit einem Mehrwert für die Kunden schafft und ab und zu eine Heldentat vollbringt, ist nicht nur in seinem Job erfolgreicher, sondern hat auch mehr Spaß und Befriedigung bei der Arbeit.

Die folgende Übung soll Ihnen helfen, sich über die Leistungen, die Sie Ihren Netzwerkpartnern zukommen lassen wollen, klar zu werden.

**Bestimmen Sie Ihre Leistungen**

Nehmen Sie Ihre Notizen zur Hand. Wir starten wiederum mit den A-Netzwerkpartnern. Stellen Sie sich für jeden Partner einzeln die Fragen: «Wie will ich mit seinen Bedürfnissen, Interessen und Erwartungen umgehen? Welche Leistungen will ich für ihn erbringen?»

Wichtig dabei ist, dass Sie sich konsequent in Ihr Gegenüber versetzen. Die Frage ist nicht: «Was möchte ich ihm geben oder verkaufen», sondern: «Was hat für ihn einen Nutzen? Wie kann ich ihm mit meinen Leistungen dienlich sein?»

Schreiben Sie zu jedem A-Partner die Leistungen auf, die Sie – entsprechend seinen Bedürfnissen, Interessen und Erwartungen – für ihn erbringen wollen. Achten Sie dabei auf das eben besprochene Vier-Felder-Schema:

- Notieren Sie die Leistungen, die Sie heute bereits für diese Personen erbringen: Welchen Feldern können Sie die einzelnen Leistungen zuordnen? Gibt es Tätigkeiten in Feld 1? Falls ja: Können Sie diese reduzieren? Was tun Sie heute bereits in den Feldern 3 und 4? Tun Sie heute bereits die richtigen und wichtigen Dinge?
- Definieren Sie zusätzliche Leistungen, die Sie in den Feldern 3 und 4 erbringen können: Was kann ich meinen A-Partnern bieten, das ihnen einen Mehrwert generiert? Wie kann ich diese Personen überraschen und verblüffen?
- Legen Sie zudem fest, welche Leistungen Sie für die Gesellschaft als Ganzes erbringen werden.
- Achten Sie dabei auf Ihr Mantra: Welche der definierten Leistungen widerspiegeln mein Mantra besonders deutlich? Welche Leistungen machen mein Mantra sichtbar und spürbar? Streichen Sie Leistungen, die Ihrem Mantra zuwiderlaufen, aus Ihrer Liste.

Da interne und externe Kunden bezüglich Ihrer Leistungen ähnliche Erwartungen haben, ist es für diese Überlegungen unerheblich, ob Sie angestellt, mit oder ohne Führungsverantwortung oder selbstständig sind.

Wenn Sie selbstständig sind, sollten Sie bei Ihrer Produkte- und Dienstleistungspalette darauf achten, dass Ihr Angebot ein sich thematisch ergänzendes, in sich stimmiges Paket aus drei bis vier Leistungen bildet, das insgesamt einen Mehrwert für den Kunden bietet. Setzen Sie nie nur auf eine Hauptleistung, denn dadurch wird das Klumpenrisiko zu groß. Achten Sie ebenfalls konsequent darauf, sich nicht zu verzetteln. Der Kunde hält Sie dann für kompetent, wenn Sie sich als Expertin auf Ihrem Gebiet positionieren. Dienstleister, die auf allen Gebieten kompetent sein wollen, wirken unglaubwürdig und unseriös. Fokus ist also auch in Bezug auf Ihre Leistung ein zentrales Thema.

**Leistungen – die Schritte in Kürze**

1. Notieren Sie für jeden A-Partner, welche Bedürfnisse, Interessen und Erwartungen er in Bezug auf die von Ihnen erbrachten Leistungen hat. Beziehen Sie dabei auch emotionale Aspekte mit ein.
2. Wiederholen Sie dies für Ihre B-Partner.
3. Stellen Sie fest, wie Sie sich von der Konkurrenz differenzieren können: Sind Sie Pionier oder Spezialist, besetzen Sie eine Eigenschaft oder haben Sie einen Hit gelandet?
4. Notieren Sie für Ihre A- und B-Partner die Leistungen, die Sie bereits erbringen oder in Zukunft erbringen möchten. Konzentrieren Sie sich darauf, «Mehrwert» und «Heldentaten» zu erbringen.

## Beziehungen – wie Sie andere für sich gewinnen

Soziale Netzwerke funktionieren nur über die Beziehungsebene. Deshalb sind neben den Leistungen, die Sie Ihren Netzwerkpartnern bieten, auch die Beziehungen, die Sie zu ihnen pflegen, von größter Bedeutung. Die Beziehungsebene entscheidet letztendlich, ob man Sie als Geschäftspartnerin und -partner schätzt, ob man gerne mit Ihnen zusammenarbeitet und Ihnen vertraut.

Ihre Art, Beziehungen zu gestalten und zu leben, ist ein wesentlicher, vielleicht sogar der wesentlichste Teil Ihrer Markengestaltung. Ob Sie spontan oder eher zurückhaltend auf Menschen zugehen, ob Sie ein witziger Entertainer sind oder sich eher im Hintergrund halten, ob Sie gerne enge Kontakte pflegen oder eher etwas Distanz brauchen: Ihr Verhalten wird von Ihrem Gegenüber intuitiv wahrgenommen und spricht direkt sein Herz an. Zudem beeinflusst es das Bild, das die Menschen in Ihrem Umfeld von Ihnen haben, und die Art, wie sie Ihnen gegenüber empfinden.

### Gestalten Sie Ihre Beziehungen

Auf dem Arbeitsblatt mit Ihren Netzwerkpartnern haben Sie neben den sachlichen auch die emotionalen Bedürfnisse, Wünsche und Erwartungen notiert.

Halten Sie nun fest, wie Sie mit den gefühlsmäßigen Bedürfnissen und Interessen der einzelnen Netzwerkpartner umgehen wollen: Wie stelle ich mich gegenüber den Bedürfnissen und Erwartungen meiner Partner? Wie möchte ich im Einzelnen mit diesen umgehen? Welche Wünsche kann ich erfüllen, welche vielleicht nur zum Teil oder gar nicht?

Halten Sie sich deshalb Ihr Mantra vor Augen: Sagt Ihr

Mantra etwas darüber aus, wie Sie mit Menschen umgehen und welche Beziehungen Sie pflegen möchten? Was sagt Fabrizios Mantra: «Zielstrebig, dynamisch und erfrischend begleiten» über die Art aus, wie er seine Beziehungen gestalten könnte? Wie sieht eine «erfrischende» Beziehung aus? Und wie spürt sein Partner in der Interaktion mit ihm, dass er ihn «erfrischend» begleitet?

Der Beziehungsaspekt ist für mein Mantra «Ich verbinde Management mit Menschlichkeit» besonders wichtig. Für mich bedeutet «Menschlichkeit», nahe an den Menschen dran zu sein und enge Beziehungen aufzubauen. Es bedeutet, ihnen das Gefühl zu geben, wichtig und willkommen zu sein. Im Training soll jeder spüren, dass es mich freut, dass gerade er auch in der Runde sitzt. Es bedeutet aber auch, mich für meine Kundinnen und Kunden zu interessieren, ihnen im Gespräch meine Aufmerksamkeit und meine Zeit zu schenken, ihnen auch dann zuzuhören, wenn mir selber einmal nicht so danach ist oder wenn ich nur wenig Zeit habe. Es bedeutet, dass ich den Menschen mit seinen Themen, Problemen und Fragestellungen ins Zentrum stelle.

**Beziehungen sind der Motor unseres Handelns**

Menschen wollen beachtet und als Person wahrgenommen werden. Dies gilt genauso für unser Gegenüber wie für uns selber. Gute Beziehungen basieren darauf, dass ich den anderen wahrnehme, ihm meine Aufmerksamkeit schenke; dass ich mich auf ihn einlasse und versuche, ihn so wahrzunehmen, wie er ist. Damit ich den anderen wahrnehmen kann, muss ich mich jedoch auch selbst zu erkennen geben und zu mir stehen. Nur wer selber offen ist, kann auch andere wahrnehmen.

Laut Joachim Bauer, Medizinprofessor an der Albert-Ludwigs-Universität in Freiburg, sind andere Menschen der beste Motivator für den Menschen. Seine neurowissenschaftlichen Erkenntnisse zeigen, dass wir auf soziale Resonanz und Kooperation konditionierte Wesen sind, deren zentrale Motivation auf Zuwendung und gelingende zwischenmenschliche Beziehungen ausgerichtet ist. Kern unserer Motivation ist es, Anerkennung, Vertrauen, Wertschätzung, Zuwendung und Zuneigung zu finden und zu geben.

Beziehungen sind also der Motor unseres Handelns. Doch wie müssen diese Beziehungen gestaltet sein, damit sie auf Dauer gelingen? Folgende Elemente scheinen mir in Bezug auf ein erfolgreiches Selbstmarketing besonders relevant:

### Paraphrasieren und verbalisieren

Ein zentrales Beziehungselement ist die emotionale Resonanz, also die Fähigkeit, sich auf die Stimmung von anderen «einzuschwingen», das heißt, sich ihrer Stimmung anpassen zu können oder auch umgekehrt, andere mit der eigenen Stimmung anzustecken. Emotionale Resonanz entsteht über den Inhalt wie auch über die Art und Weise, wie ich etwas sage.

Paraphrasieren ist ein Aspekt des «Aktiven Zuhörens». Wenn Sie paraphrasieren, geben Sie das, was Sie im Gespräch verstanden haben, in Ihren eigenen Worten wieder. So stellen Sie sicher, dass beide vom Gleichen sprechen, und können Missverständnisse im Gespräch frühzeitig aufdecken. Paraphrasieren hat aber noch einen anderen Vorteil: Indem Sie das wiederholen, was der andere sagt, fühlt sich Ihr Gegenüber von Ihnen wahrgenommen, gehört und verstanden. Es entsteht ein Rapport, eine Verbindung zwischen den Gesprächspartnern.

Ein noch stärkeres Instrument als das Paraphrasieren ist das Verbalisieren. Wer verbalisiert, wiederholt die emotionale Aussage des anderen mit eigenen Worten oder fasst in Worte, was gefühlsmäßig in den Äußerungen des anderen mitschwingt. Wenn beispielsweise Ihr Gesprächspartner einen bedrückten Eindruck macht, können Sie diese Wahrnehmung in Worte fassen und sagen: «Ich sehe, dass dich etwas bedrückt.» Hier nehme ich auf, was beim Gesprächspartner in dem Moment gefühlsmäßig geschieht. Dadurch hat diese Gesprächstechnik ein überaus verbindendes, hochgradig motivierendes Moment.

Resonanz entsteht jedoch nicht nur verbal, sondern auch auf der paraverbalen Ebene – also über Ausdruck und Klang der Stimme –, indem sich Sprechgeschwindigkeit, Tonlage, Lautstärke oder der Sprachrhythmus der Gesprächspartner aneinander anpassen. Sich auf den Atemrhythmus des anderen einzustellen ist eine besonders wirksame Art, emotionale Resonanz zu erzeugen.

### Der Chamäleoneffekt

Resonanz entsteht auch auf der nonverbalen Ebene über die Synchronisation von Gestik und Mimik. Dazu schlage ich Ihnen ein Experiment vor: Besuchen Sie an einem Samstagvormittag ein Café und beobachten Sie die Paare, die an den Tischchen sitzen. Sehen Sie dort die Frau, die genüsslich an ihrem Milchkaffe nippt, während er seinen Cappuccino zum Mund führt? Er macht ein Späßchen, sie lacht mit. Sie lehnt sich entspannt zurück, er ebenfalls. Sie spüren: Diese beiden haben es gut miteinander, die genießen ihren gemeinsamen Tag.

Forschungsergebnisse zeigen, dass wir uns mit Menschen, die uns nachahmen, wohler fühlen – zumindest, wenn uns das Nachahmungsverhalten nicht bewusst als «Nachäffen» auffällt. «Chamäleoneffekt» oder «Mimikry» nennen die Forscher dieses gegenseitige Imitieren von Gestik, Sprache und Mimik von Gesprächspartnern. Mimikry schafft Vertrauen und sorgt dafür, dass wir einen fremden Menschen sympathischer finden und ihm gegenüber sozialer und hilfsbereiter sind.

Damit unterstützt das Nachahmen den Aufbau und Erhalt von Beziehungen mit anderen Personen. Wie ist das möglich? Um andere Menschen zu imitieren, müssen wir uns in sie hineinversetzen, was wiederum zu einem größeren Einfühlungsvermögen gegenüber ihren Belangen führt. Wir werden sensibel dafür, was andere fühlen und wie sie sich fühlen. Und dies ist kein einseitiger Mechanismus: Eine andere Person nachzuahmen führt nicht nur zu einer gefühlsmäßigen Veränderung beim Gegenüber, sondern auch bei mir selber. Auch ich spüre die positive Wirkung des Rapports: Dank dem Körperecho fühle ich mich stärker zu meinem Gesprächspartner hingezogen, finde ihn sympathischer und bin bereit, ihn tendenziell positiver zu bewerten, ihm eher zu vertrauen und Gesagtes weniger kritisch aufzunehmen.

Die meisten Menschen glauben, solche Tricks leicht durchschauen zu können. Doch da sind sie im Irrtum. Laut Forschern ist Mimikry einfach zu lernen. Dabei müssen die Bewegungen des Gegenübers nicht identisch nachgemacht werden; es genügt, wenn ähnliche Bewegungen zeitverzögert ausgeführt werden. Probieren Sie es aus, wenn Sie das nächste Mal in einem Verkaufs- oder Mitarbeitergespräch sitzen: Greift sich Ihr Gegenüber mit der rechten Hand ans Ohr, streichen Sie sich etwas zeitverzögert mit der linken Hand durchs Haar. Die unperfekte und zugleich verzögerte Spiegelung ist die beste Methode, um die Mimikry zu verbergen.

### Gemeinsames Handeln

Warum fordern Politiker immer wieder gemeinsames Handeln in der Krise? Warum appellieren Manager an den Gemeinschaftssinn ihrer Belegschaft und betonen, dass man nur gemeinsam stark ist? Gemeinsames Handeln schafft Identität. Und Identität verpflichtet. Menschen, die sich mit anderen identifizieren, fühlen sich ihnen zugehörig und verpflichtet – und werden sich stärker für ihre Interessen einsetzen.

Etwas zusammen unternehmen, gemeinsame Erlebnisse schaffen, auf die man zu einem späteren Zeitpunkt zurückgreifen kann, sind ein starker Beziehungsstifter. Bei einer Aktion selber mitanpacken, seine Kunden unterstützen, mit seinen Kollegen etwas unternehmen: Solche Aspekte hinterlassen ein nachhaltiges Zusammengehörigkeitsgefühl. Dies ist auch ein Grund, weshalb virtuelle Beziehungen auf beruflichen Kontaktnetzwerken nicht die Qualität von echten Begegnungen haben können: Das gemeinsame Handeln und die daraus entstehenden gemeinsamen Erlebnisse fehlen.

Bequemlichkeit lässt sich mit guter Beziehungsgestaltung nicht vereinbaren. Wer sich für eine Beziehung nicht in Bewegung setzt, dem wird vom anderen zu Recht Desinteresse vorgeworfen.

### Zauberwort «Nein»

Bei intensiv gepflegten Beziehungen ist es aber auch wichtig, sich bewusst abzugrenzen. Die Tatsache, dass Ihr Gegenüber bestimmte Erwartungen hat, heißt nicht, dass Sie diese auch erfüllen müssen. Sie sind Herrin und Herr über Ihre Beziehungen und bestimmen autonom, wie Sie diese gestalten und wie viel Zeit Sie darauf verwenden.

Je stärker Sie emotional auf Ihr Gegenüber eingehen, desto

besser. Dies darf jedoch nie auf Kosten der eigenen Authentizität oder des eigenen Wohlbefindens gehen. Dies bedeutet, dass Sie lernen müssen, «Nein» zu sagen. Nicht zu den Menschen selbst, aber zu übertriebenen Erwartungen, unpassenden Forderungen und zu Wünschen, die Ihnen zuwiderlaufen. Nur so können Sie Ihr Leben nach Ihren Vorstellungen gestalten und genießen.

**Beziehungen – die Schritte in Kürze**

1. Schaffen Sie in Ihren Beziehungen Resonanz: Paraphrasieren und verbalisieren Sie, was Sie im Gespräch verstanden haben. Versuchen Sie, körpersprachlich mehr mit Ihrem Gegenüber «mitzuschwingen», und unterstützen Sie gemeinsames Handeln.
2. Legen Sie für Ihre A- und B-Partner fest, wie Sie mit den emotionalen Bedürfnissen dieser Menschen umgehen wollen und welche Art von Beziehung Sie pflegen möchten. Achten Sie darauf, dass Ihr Verhalten Ihrem Mantra entspricht, dass Ihr Mantra in der Art und Weise, wie Sie mit anderen Menschen umgehen und Beziehungen gestalten, erlebbar wird.

## Verhaltensgrundsätze – wie Sie Ihr Verhalten steuern

In den bisherigen Übungen haben wir festgelegt, auf welchem Mantra Sie Ihre Marke aufbauen wollen, welche Ziele Sie verfolgen, welche Netzwerkpartner für Sie von größter Bedeutung sind und wie Sie Ihre Leistungen und Beziehungen gestalten möchten, um in Ihrem «Markt» eine möglichst große Resonanz zu finden. Nun geht es darum, dass Sie dies alles auch in die Tat umsetzen – und zwar täglich.

Wie also gedenken Sie, das bisher Erarbeitete umzusetzen? Wie stellen Sie sicher, dass Sie sich Ihrem Mantra entsprechend verhalten? Wie schaffen Sie es, die Leistungen, für die Sie bürgen, und die Beziehungen, die Sie sich wünschen, tatsächlich zu erbringen?

Marken leben von ihrer Einzigartigkeit – und davon, dass tatsächliche und potenzielle Kundinnen und Kunden sie jederzeit wiedererkennen. Bei Produktmarken entsteht diese Wiedererkennung durch auffallende Verpackung und gezielte Werbung. Wir Menschen haben jedoch noch eine viel stärkere Waffe, um uns in den Köpfen unserer Mitmenschen festzusetzen: Wir können uns über unser Verhalten von anderen unterscheiden.

### Definieren Sie Ihre Verhaltensgrundsätze

Wie die Trends im Self Branding gezeigt haben, sind die Zeiten des schönen Scheins vorbei. Wir wollen keine Hochglanzbroschüren mit hehren Versprechungen, keine coolen Sprüche und aufgesetzten Gesten, wir wollen Taten sehen. Und genau diese Taten müssen Sie bieten.

Verhaltensgrundsätze steuern unser Verhalten. Dabei handelt es sich um ganz konkrete Handlungen, die Sie laufend wiederholen und an die sich Ihr Umfeld mit der Zeit gewöhnt: Wie muss ich mich verhalten und an welche Regeln muss ich mich halten, um mein Mantra jederzeit spürbar und erlebbar zu machen? Welche Maßnahmen muss ich ergreifen, um in meiner Kategorie top-of-mind zu werden? Wie muss ich mich in der Zusammenarbeit mit anderen verhalten, damit ich meine Beziehungen auch so lebe, wie ich mir das vorgenommen habe? Wie setze ich meine Leistungen konkret um?

Das folgende Beispiel soll Ihnen verdeutlichen, wie Verhaltensgrundsätze Ihr Verhalten steuern: Helga ist Personalfrau in einem Unternehmen. Für sie ist es wichtig, dass Stellensuchende von ihr und auch dem Unternehmen, für das sie arbeitet, einen vorteilhaften Eindruck haben. Deshalb möchte sie ihnen einen besonders guten Kundenservice bieten. Doch was heißt das? Woran merken die Stellensuchenden, dass Helga sich ganz besonders um ihr Dossier bemüht? Helga hat dazu mehrere Grundsätze aufgestellt: Zunächst wird sie allen Bewerbern gleich nach Empfang der Unterlagen eine Bestätigungsmail schicken. Sie wird außerdem allen Bewerbern innerhalb von drei Wochen Bescheid geben, indem sie ihnen entweder ihr Dossier mit einem Absagebrief zurückschickt, sie zu einem ersten Gespräch einlädt oder – falls es doch länger dauert – ihnen einen weiteren Brief mit der Bitte um Geduld zustellt. Schließlich wird Helga alle Absagen inhaltlich begründen, so dass die Bewerber einen ehrlichen Anhaltspunkt haben, warum sie für die Stelle nicht berücksichtigt wurden.

Helgas Verhaltensgrundsätze in Bezug auf den Umgang mit Bewerbungsschreiben sind:

- Ich schicke allen Bewerbern innerhalb von 24 Stunden nach Erhalt der Unterlagen eine Bestätigungsmail.
- Ich schicke allen Bewerbern innerhalb von drei Wochen eine Einladung, eine Absage oder eine Mail mit der Bitte um Geduld.
- Ich begründe Absagen inhaltlich korrekt.

«Das ist aber aufwendig», werden Sie nun vielleicht denken – zu Recht. Mit einer konkreten Handlung zu überzeugen ist immer aufwendiger, als auf Äußerlichkeiten zu bauen. Wenn Sie ein solches Verhalten aber konsequent beibehalten, werden Sie bald die positiven Effekte spüren. Gerade bei einem hochemotionalen Thema wie Arbeitslosigkeit und Stellensuche achten die Menschen darauf, wie sie behandelt werden. Und sie sprechen über ihre Erfahrungen. Wenn es Ihnen also gelingt, einen gewinnenden Eindruck zu machen, wird sich das herumsprechen.

Das Wichtige dabei ist, dass Sie sich konsequent und konstant Ihren Grundsätzen entsprechend verhalten. Dadurch entwickeln Sie über die Zeit ein Image, das die Menschen in Ihrem Umfeld wahrnehmen.

Mit der Definition von Verhaltensgrundsätzen allein ist es noch nicht getan. Sie müssen diese auch in die Tat umsetzen. Aber wie gelingt Ihnen das? In der Hitze des Tagesgeschäfts haben sich schon viele Leute anders verhalten, als sie es eigentlich wollten. Umgeben von anderen Aufgaben, sind schon manche Grundsätze in Vergessenheit geraten.

**Schluss mit den Ausreden**

Fitnessstudios leben von Kundinnen und Kunden, die ein Jahresabo lösen, das Studio dreimal besuchen und sich dann für den Rest des Jahres nie mehr blicken lassen. Das ist zwar lukrativ für das Studio, aber äußerst unbefriedigend für die Person, die gerne etwas für die Gesundheit und die schlanke Linie machen möchte. Ganz ähnlich kann es Ihnen mit Ihren Verhaltensgrundsätzen ergehen: Sie haben sich fest vorgenommen, dieses oder jenes zu tun, und dennoch gelingt es Ihnen nie, Ihren Vorsatz in die Tat umzusetzen.

Was können wir tun, um uns selbst zu motivieren? Studien haben gezeigt, dass wir einen Vorsatz umso eher umsetzen, je konkreter er formuliert ist. Der Vorsatz «Ich gehe jede Woche einmal ins Fitnessstudio» wird mich demnach weniger häufig ins Fitnesscenter treiben als der Vorsatz: «Jeden Dienstagabend um 19 Uhr packe ich meine Sporttasche und fahre ins Fitnesscenter.» Denn wer sich den Besuch einfach nur einmal pro Woche vornimmt, wird an jedem Abend eine Ausrede finden, warum es exakt an diesem Abend wirklich nicht passt. Wenn ich mir jedoch sage, genau am Dienstag gehe ich, ist die Motivation wesentlich größer. Neuronale Verbindungen tragen ebenfalls ihren Teil dazu bei: Die besondere sprachliche Formulierung «Wenn X, dann Y» verbindet Reize aus der Umwelt («Es ist Dienstagabend») mit unbewusst ablaufenden, automatischen Prozessen («Ich gehe ins Fitnessstudio»).

Peter M. Gollwitzer, Psychologieprofessor an der Universität Konstanz, nennt solche Pläne «Wenn-dann-Pläne». Sie haben zum Ziel, eingefahrene Gewohnheiten durch ein neues Verhalten zu ersetzen oder sich ein gewünschtes Verhalten anzueignen.

Ein solch konkreter Vorsatz hat noch einen weiteren Vorteil: Ich werde daran erinnert, sobald der Anlass eintritt. Es kann kein Dienstagabend mehr vergehen, ohne dass ich an meinen Vorsatz denke. Probieren Sie es aus. Dank dem Vorsatz: «Immer wenn ich mit dem Finger auf den Liftknopf drücke, dann nehme ich die Treppe», werden Sie viel häufiger zu Fuß in Ihre Wohnung hochsteigen als früher. Es ist Ihnen nämlich gar nicht mehr möglich, auf einen Liftknopf zu drücken, ohne an diesen Vorsatz erinnert zu werden.

Damit dies klappt, muss der Plan so konkret formuliert sein, dass Sie in der entsprechenden Situation gar nicht mehr darüber nachdenken müssen und sofort richtig handeln. Die Umstände diktieren dann Ihr Verhalten. Dazu sollten Sie planen, wann und wo das Ziel erreicht werden soll. Außerdem muss der Plan ein Annäherungsziel darstellen, das heißt, er muss positiv formuliert sein. Nicht: «Ich esse keine Schokolade mehr.» Sondern: «Wenn ich Lust auf Schokolade habe, dann esse ich ein Stück Obst.»

**Formulieren Sie Ihre Wenn-dann-Pläne**

Nehmen Sie bitte Ihre Liste mit den Verhaltensgrundsätzen zur Hand und suchen Sie sich drei Verhaltensgrundsätze aus, die Ihnen schwerfallen oder die besonders wichtig sind und keinesfalls vergessen gehen sollten.

Formulieren Sie nun für jeden Verhaltensgrundsatz einen Wenn-dann-Plan, indem Sie die passende Situation festlegen und das gewünschte Verhalten notieren: «Immer wenn X eintritt, dann mache ich Y.» Zum Beispiel: «Immer wenn ich ein Bewerbungsdossier erhalte, dann bestätige ich dessen Empfang innerhalb der nächsten 24 Stunden.»

Sie werden sehen: Wenn Sie Ihre Wenn-dann-Pläne lange genug anwenden, läuft Ihr neues, gewünschtes Verhalten immer routinierter ab. Dadurch bilden Sie neue Gewohnheiten aus und brauchen gar nicht mehr bewusst an Ihr Wunschverhalten zu denken.

**Verhaltensgrundsätze – die Schritte in Kürze**

1. Formulieren Sie konkrete Verhaltensgrundsätze, an die Sie sich zukünftig in Ihrer Arbeit halten werden. Beginnen Sie Ihre Grundsätze mit «Ich ...», so werden sie verbindlicher.
2. Übersetzen Sie die wichtigsten Verhaltensgrundsätze oder die Grundsätze, die gerne vergessen gehen, in einen Wenn-dann-Plan: «Immer wenn X, dann Y.»

# Markenkommunikation: So erwecken Sie Aufmerksamkeit

Der dritte Schritt auf dem Weg zu Ihrem nachhaltigen Profil ist die gezielte Kommunikation Ihrer Markenidentität und Ihres Markenleitbilds. Hier definieren wir die Maßnahmen, die Ihrer Marke Aufmerksamkeit und Anerkennung verschaffen. Rücken Sie sich ins rechte Licht und machen Sie den Menschen Lust auf Ihre Marke. Die folgenden fünf Branding-Elemente helfen Ihnen dabei.

## Personal Image – starker Auftritt für Ihre Marke

Kurze Zeit nach Erscheinen meines Buch «Self Branding für Manager» rief mich eine Frau an, die gerne ein Coaching bei mir besuchen wollte. Als ich mich nach dem Grund für ihr Interesse erkundigte, antwortete sie: «Ich bin kürzlich in eine Führungsposition befördert worden. Nun hat mein Chef gemeint, ich müsse mich anders anziehen. Ich trage gerne helle oder bunte Farben, aber er meint, ich müsse dunkle Hosenanzüge anziehen, das würde besser zu meiner neuen Position passen. Damit fühle ich mich aber gar nicht wohl.»

Meine neue Kundin, Barbara, war eine attraktive Frau: zierlich, mit langen blonden Haaren und einer offenen, gewinnenden Art. Bei unserem ersten Treffen trug sie ihren dunkelgrauen Hosenanzug. Sie formulierte für sich das Mantra: «Mit Kreativität und Inspiration schaffe ich strahlend Leistung.» «Ach», meinte sie, «das passt aber gar nicht zu diesem Outfit.» Es wurde ihr sofort klar, warum sie sich in ihrer neuen «Uniform» so unwohl fühlte: Sie passte einfach nicht zu ihrer Persönlichkeit. Darauf beschloss Barbara, wieder die Kleider von früher anzuziehen. Sie wusste nun, dass diese Kleidung ihre Persönlichkeit und ihr Image weit besser unterstützt und sie nur dann selbstsicher und gelassen wirken kann, wenn sie sich in ihrem Outfit wohl fühlt.

Barbara hat durch diese Erkenntnis viel Selbstvertrauen gewonnen. Sie weiß nun, was zu ihr passt, und sie lässt sich nicht mehr von gut gemeinten, aber unpassenden Tipps anderer verunsichern. Und genau darum geht es bei der Gestaltung Ihres «Personal Images»: Ihr Marken-Mantra zu zeigen und zu leben – und sich nicht von Konventionen, Modeströmungen oder Vorschriften leiten zu lassen, die andere einmal aufgestellt haben.

Dresscode und Kleidungsstil gewinnen in der Krise an Bedeutung – ganz nach dem Motto: «Wenn es uns schon nicht gut geht, wollen wir wenigstens gut aussehen.» Wie der aktuelle Model-Casting-Hype zeigt, wird das Aussehen gerade für junge Frauen immer wichtiger – Schönheit scheint zum Ticket in eine erfolgversprechende Zukunft zu avancieren. Ich empfehle Ihnen einen anderen Weg, nämlich den Weg über die authentische, wenn vielleicht auch nicht ganz so perfekte Schönheit. Pflegen und verkörpern Sie Ihren unverwechselbaren Stil – täglich und unmissverständlich. Bleiben Sie sich treu. Und getrauen Sie sich. Wer eine klare Linie hat, wer nicht in der grauen Masse mitschwimmt, zeigt Persönlichkeit – und sorgt dafür, dass man sich an sie oder ihn erinnert.

### Zeigen Sie, dass Sie strahlen

Dabei wird die Marke nicht nur visuell über das Auge wahrgenommen, sondern über alle fünf Sinne: Die Nase beispielsweise hat über die Wahrnehmung von Gerüchen eine direkte Verbindung zum Gedächtnis und zu Erinnerungen. Der Fühl- und Tastsinn ist zwar weit weniger empfindlich als der Geruchssinn, trägt aber dennoch dazu bei, Wiedererkennbarkeit und Einzigartigkeit in der Wahrnehmung zu erreichen. Ihre Stimme und Ihre Art zu sprechen, die Festigkeit Ihres Händedrucks, ja selbst

Ihr Geruch haben einen Einfluss darauf, wie Sie beim Gegenüber ankommen, und tragen dazu bei, Ihre Persönlichkeit erfolgreich zu positionieren.

Dies ist der viel zitierte «erste Eindruck», der darüber entscheiden soll, wie Sie von Ihrem Gegenüber wahrgenommen werden. Auch hier entscheidet das Unbewusste weit schneller als das Bewusstsein – die Richtung, ob positiv oder negativ, ist meist im Bruchteil einer Sekunde festgelegt. Natürlich können wir einen ersten Eindruck auch revidieren. Dies geschieht jedoch selten, da wir die Angewohnheit haben, an einer einmal gefassten Meinung festzuhalten. Es ist deshalb umso wichtiger, sich hier von Anfang an richtig in Szene zu setzen. Und mit «richtig» meine ich wie gesagt nicht, dass Sie sich bestimmten Konventionen oder Diktaten unterwerfen. Sie sollten vielmehr konsequent auf Ihr Marken-Mantra hören: Was sagt mein Mantra über meinen persönlichen Auftritt aus?

Wenn «strahlend» ein wesentlicher Aspekt Ihres Mantras ist, dann zeigen Sie auch durch Ihren Auftritt, dass Sie strahlen. Und wenn Sie Ihre Schüler mit «abenteuerlichen Expeditionen» durch die Schulstunde führen wollen, verleiht Ihnen ein sportliches Outfit und eine dynamische Sprechweise weit mehr Glaubwürdigkeit als ein eleganter Zweireiher und eine gedehnte Aussprache.

Die Fragen, die Sie sich stellen sollten, sind: Wie muss ich mich kleiden, welche Accessoires wählen, damit mein Mantra optimal zur Geltung kommt? Drücken meine Körperhaltung, meine Gesten, meine Mimik und meine Stimme aus, was meine Marke sagen will? Wie kann ich die Botschaft meiner Marke bewusst durch das Ansprechen aller fünf Sinne verstärken?

**Alle Sinne anregen**

Bei der Vermittlung Ihrer Marke sollten Sie nicht nur Ihre eigene Person berücksichtigen, sondern auch Ihre Umgebung. Zur Umgebung gehört alles, was Sie nicht an oder auf sich tragen, zum Beispiel das Auto, das Sie fahren, oder Ihr Büro. Wenn Sie beispielsweise als Berater einen «Raum für Wachstum und Genuss» schaffen wollen, dann sollten die Räume, in denen Sie Ihre Kundschaft empfangen, dies auch widerspiegeln. Die Frage lautet hier: «Wie muss ich mein Umfeld gestalten, damit mein Mantra jederzeit spürbar und erlebbar wird?»

Ihre Einzigartigkeit können Sie über alle fünf Sinne unterstreichen. Im persönlichen Kontakt ist Ihr visueller Auftritt die erste Botschaft, die Sie senden. Man sieht Sie. Danach geben Sie sich zur Begrüßung die Hand und beginnen zu sprechen. Tast- und Gehörsinn Ihres Gegenübers werden aktiviert. Gleichzeitig riecht Ihr Gegenüber Sie auch. Falls Sie sich in Ihrem Büro treffen, nimmt Ihr Gast auch Ihre Büroeinrichtung wahr: ob Sie private Gegenstände wie Fotos oder Kinderzeichnungen aufgestellt haben, welche Bücher Sie im Regal stehen haben. Das alles wird, wenn auch häufig unbewusst, wahrgenommen und formt das Bild, das Ihr Gegenüber von Ihnen hat.

Am Telefon wiederum ist Ihre Stimme Ihre zentrale Botschafterin. Ihr Gesprächspartner nimmt dabei nicht nur den Inhalt des Gesprächs wahr, sondern auch, wie Sie sprechen, wie laut oder leise Sie sind, ob Sie schnell reden oder langsam, ob Sie sich auf das Gespräch konzentrieren oder abgelenkt wirken, ob Sie sich über den Anruf freuen oder sich gestört fühlen.

Am Telefon entscheiden paraverbale Aspekte, ob man uns für kompetent hält und uns zuhört. Leises, unkonzentriertes oder nervöses Sprechen setzen wir unbewusst mit Unsicherheit gleich und unterstellen den Betroffenen Inkompetenz. Eine engagierte Ausdrucksweise sowie eine angemessene Lautstärke und Sprechgeschwindigkeit dagegen lassen die Person am anderen Ende der Leitung dynamisch und kompetent erscheinen.

Achten Sie auch bei der Intonation darauf, dass Ihre Art zu sprechen Ihrem Mantra entspricht. Eine Kundin von mir verkaufte sich als tatkräftige, dynamische Businessfrau. Sie warb damit, sich der Probleme Ihrer Kundschaft beherzt und mit dem nötigen Biss anzunehmen, was sie auch tat. Über das Telefon kam jedoch nichts von diesem kraftvollen Auftritt rüber – ihre Stimme klang vielmehr so erotisch, dass man sich auf einer Sex-Hotline wähnte. Interessant war, dass sie nur am Telefon so klang, nicht jedoch im persönlichen Gespräch. Eine erotische Stimme ist etwas Schönes; wenn ich jedoch als businesslike und entschlossen wahrgenommen werden will, ist ein solcher erster Eindruck unvorteilhaft oder sogar geschäftsschädigend.

### Setzen Sie ein Markenzeichen

Sie können Ihren einzigartigen Stil zusätzlich unterstreichen, indem Sie ein unverkennbares Markenzeichen kreieren. Markenzeichen bleiben im Gedächtnis haften und schaffen Wiedererkennung – und die wohlige Gewissheit, dass einige Dinge immer dieselben bleiben.

Markenzeichen sind häufig visuelle Attribute, wie zum Beispiel der weiße Pferdeschwanz von Modezar Karl Lagerfeld oder das Kopftuch des Musikproduzenten Chris von Rohr. Die typische Auftritts-Pose von Freddie Mercury und der legendäre Moonwalk von Michael Jackson sind ebenfalls visuelle Markenzeichen, die sich in einer unverwechselbaren Bewegung zeigen. Auch sprachliche Elemente wie der freche Schalk von Moderator Günther Jauch, die derben Sprüche von DSDS-Juror Dieter Bohlen oder die Quietschstimme des Comedians Michael Mittermeier eignen sich als Markenzeichen und machen ihre Träger einzigartig und sofort erkennbar.

Markenzeichen können auch immer wiederkehrende Sätze sein, wie der Slogan «Yes we can» von Barack Obama. Einer meiner Kunden beginnt Sitzungen regelmäßig mit einem aktuellen Zitat oder einer unterhaltsamen Nachricht aus der Tagespresse. Mein persönliches Markenzeichen ist die Farbe Rot. Bei mir ist alles rot: Homepage, Flyer, Laptop, die Hülle meines Mobiltelefons und natürlich auch immer etwas an meiner Kleidung. Das Interessante dabei: Wenn ich meiner Linie einmal untreu bin, bemerkt mein Umfeld es sofort und weist mich darauf hin.

Seien Sie also vorsichtig, welche Geister Sie rufen, und überlegen Sie sich gut, welche Zeichen Sie setzen. Wählen Sie ein Markenzeichen, mit dem Sie sich wirklich identifizieren. Es soll Ihnen langfristig Freude machen.

### Nutzen Sie die Macht der Symbole

Eine besondere Art von Markenzeichen sind Symbole. Sie gehen über den Zweck der Wiedererkennung hinaus und transportieren zusätzlich eine ganz bestimmte emotionale Bedeutung.

Die Religion nutzt die Macht symbolischer Gegenstände oder Bilder wie das Kreuz, den Halbmond oder Davidstern. In der Politik kommt der Nationalflagge eine besondere Bedeutung zu; auch die Nationalhymne, die an internationalen Sportwettkämpfen regelmäßig gespielt wird, symbolisiert die Zugehörigkeit zur Heimat und den Willen, für sein Heimatland zu kämpfen.

Symbole haben zwei wesentliche Vorteile: Sie transportieren Inhalte besonders effizient und lösen automatisch Gefühle aus.

Neben Gegenständen können auch Töne, Farben oder Formen Symbolcharakter haben, wie etwa die Farbe Violett für die Frauenbewegung. Auch Handlungen und Gesten können symbolisch sein, wie die klassische Siegerpose von Roger Federer oder das Victory-Zeichen, das während des Zweiten Weltkrieges vom britischen Premierminister Winston Churchill populär gemacht wurde. Welche Ausdruckskraft symbolhafte Gesten haben können, zeigte sich, als der Deutsche-Bank-Chef Josef Ackermann zum Auftakt des Mannesmann-Prozesses das Victory-Zeichen machte, was ihm den Ruf einbrachte, arrogant und überheblich zu sein.

**Personal Image – die Schritte in Kürze**

1. Legen Sie fest, wie Sie Ihre Marke über alle fünf Sinne erlebbar machen wollen: über das Sehen, Hören, Berühren, Riechen und Schmecken.
2. Unterscheiden Sie dabei zwischen Ihrer Person und Ihrem Umfeld: Zu Ihrer Person gehört alles, was Sie an sich haben oder bei sich tragen, zum Beispiel Kleidung und Frisur, aber auch Accessoires wie Mobiltelefon, Aktentasche, Schmuck und Schreibutensilien. Zu Ihrem Umfeld gehören Ihr Büro beziehungsweise Ihr Arbeitsplatz und Ihr Fortbewegungsmittel. Alle diese Elemente können Sie für alle fünf Sinne erlebbar machen.
3. Kreieren Sie ein Markenzeichen, das Wiedererkennung schafft und an das man sich gerne und leicht erinnert.
4. Unterstützen Sie Ihren Auftritt mit Symbolen, die Ihr Umfeld emotional ansprechen.

## Online-Reputation – Selbst-PR im virtuellen Raum

Ein Großteil der Kontakte findet heute elektronisch statt. Sie suchen eine Partnerin für ein IT-Projekt, das für Sie alleine zu groß ist? Oder einen Spezialisten für einen Fachvortrag? Eine Mitarbeiterin für die in drei Monaten frei werdende Stelle? Oder Kunden für Ihre neue Geschäftsidee? Kein Problem: Kontaktieren Sie die betreffende Person gleich über eine Online-Plattform. Doch so einfach, wie es auf den ersten Blick scheint, ist das Ganze leider doch nicht. Denn das Internet folgt eigenen Regeln, die es zu beachten gilt.

### Pflegen Sie Ihre virtuelle Marke

Für Personen des öffentlichen Lebens wie Politikerinnen und Politiker, Top-Managerinnen und -Manager sowie Prominente aus Kultur und Sport gehört die Pflege ihrer Online-Reputation heute zum täglichen Geschäft. Aber auch für Angestellte, Klein- und Mittelunternehmer ist ihr Abbild im Worldwide Web in vielen Fällen entscheidend – und wird in Zukunft immer wichtiger.

Wer die Regeln für eine nachhaltige Nutzung des Webs nicht kennt, läuft leicht Gefahr, sich zu blamieren oder sogar zu gefährden. So hatte die Frau des designierten britischen Geheimdienstchefs John Sawers private Urlaubsfotos des MI6-Chefs in Badehosen und Nikolausmütze ungeschützt auf Facebook gestellt und so der gesamten Facebook-Community zugänglich gemacht. Ein Versehen, das böse enden kann – nicht zuletzt, da es den politischen Gegnern eine willkommene Angriffsfläche bietet und so eine Karriere beendet, bevor sie richtig beginnt.

Die Macht des Internets wird auch dort sichtbar, wo es für persönliche Angriffe und Schmähbotschaften genutzt wird. So hat eine junge Südkoreanerin als «Dog Poop Girl» zweifelhafte Berühmtheit erlangt. Nachdem sie in einem U-Bahn-Zug das Geschäft ihres Hundes trotz einer Aufforderung der Mitreisenden nicht entfernte, fotografierte sie ein Fahrgast und stellte die Fotos ins Internet. Diese fanden schnell ihren Weg in die Medien und wurden in Südkorea zu einer landesweiten Nachricht. Nachdem die junge Frau identifiziert war, wurde sie von wildfremden Menschen angepöbelt, musste die Universität verlassen und den Wohnort wechseln.

Diese beiden Beispiele sind zwar extrem, doch zeigen sie auf, wie schnell ein unrühmliches Bild im Netz entstehen kann – sei dies durch Material, das wir selber ins Netz stellen, oder durch das Zutun anderer.

Dass Online-Plattformen dem Selbstmarketing dienen, hat ein Großteil der deutschen Manager in den letzten Jahren erkannt: Laut LAB-Managerpanel der Executive-Search-Firma Lachner, Aden, Beyer & Company informieren sich neun von zehn Befragten regelmäßig darüber, welche Informationen im Internet über sie verfügbar sind, und rund siebzig Prozent der Führungskräfte geben an, ihr persönliches Profil im Internet sei ihnen wichtig. Nichtsdestotrotz gestaltet nur knapp die Hälfte der Befragten ihr Online-Image auch aktiv mit, während die übrigen die Entwicklung ihres Images anderen oder der Dynamik des Netzes überlassen.

Dies ist kein kluges Verhalten. Denn in einer Berufswelt, in der eine starke persönliche Marke immer wichtiger wird, gewinnt auch der Online-Wert dieser Marke an Bedeutung. Wie im realen Leben gilt es auch im virtuellen Raum, die Gestaltung seiner Reputation in die eigenen Hände zu nehmen und den persönlichen Eindruck zu optimieren. Dass sich dies lohnt, zeigt eine Umfrage des Bundesverbands deutscher Unternehmensberater: Mehr als die Hälfte der Personalverantwortlichen in Deutschland gibt an, die Bewerbungen von Jobsuchenden zurückschicken, wenn ihnen die digitale Selbstinszenierung nicht gefällt.

**Entwerfen Sie Ihre Online-Philosophie**

Der Grat zwischen karrierefördernder Selbstdarstellung und Online-Pranger ist schmal. Wie ich mich auf dem Netz bewege, ist hauptsächlich eine Frage meiner Zielsetzung und Philosophie: Wofür will ich das Internet nutzen? Soll es mich geschäftlich unterstützen oder steht der Funfaktor im Vordergrund? Will ich Themen aus dem Privatleben preisgeben oder mich über die neuesten Erkenntnisse aus meinem Fachgebiet informieren?

Bislang gibt es noch kaum soziale Regeln, was im Netz akzeptabel ist und wo die Grenzen liegen. Umso wichtiger ist es, dass wir wissen, welche Wirkung wir im Netz erzielen und welche Spuren wir hinterlassen wollen. Die grundlegenden Fragen lauten: Wie möchte ich im virtuellen Raum wahrgenommen werden? Welche Plattformen entsprechen mir am besten? Wo will ich mich präsentieren?

Das Internet bietet Ihnen die Möglichkeit, viele leuchtende Mosaiksteine zu platzieren, die Ihr Bild in der Öffentlichkeit schärfen und Ihnen Sichtbarkeit verleihen. Nutzen Sie diese Möglichkeit. Bieten Sie etwas Besonderes, das Ihren Expertenstatus zeigt. Für die virtuelle Welt gelten jedoch die gleichen Regeln wie in der Realität: Je überbordender und unübersichtlicher unsere Botschaften sind, desto wirkungsloser wird der Versuch, mittels «Lautstärke» Aufmerksamkeit zu erreichen. Umso gewinnbringender ist es, nützlich zu sein: Der Zeitmanagement-Guru Lothar Seiwert beispielsweise stellt jeden Tag einen Tipp für einen besseren Umgang mit unseren persönlichen Ressourcen auf Twitter. Twitter ist eine Art Online-Tagebuch, in dem Einträge in der Länge einer SMS erfasst werden. Das Tool ermöglicht es, Gedanken, Hinweise oder hilfreiche Links in der eigenen Gruppe bekannt zu machen und sich in Echtzeit mit seinen Kontakten auszutauschen.

**Blogs, Twitter und Co.**

Während eine professionelle Homepage für Selbstständige absolute Pflicht ist, profitieren auch Angestellte von einer persönlichen Website. Aber auch ein interessanter Blog oder ein Newsletter können Aufmerksamkeit wecken. Blog-Beiträge und Newsletter sind eine ausgezeichnete Werbung, da Sie dadurch Ihr Wissen weitergeben können und sich Ihre potenziellen Arbeit- und Auftraggeber ein Bild Ihrer Person, Ihres Arbeitsgebietes und Ihrer Kompetenz machen können. Achten Sie dabei strikte auf Professionalität – nicht nur beim Inhalt, sondern auch in der visuellen Gestaltung. Nutzen Sie auch hier die Möglichkeit, Ihren eigenen Stil zu präsentieren.

Eine weitere Möglichkeit, auf sich aufmerksam zu machen, sind die sogenannten Micro-Blogs, zu denen Twitter gehört. Immer mehr bekannte Persönlichkeiten nutzen die 140-Zeichen-Tweets, um ihre Botschaften einfach und schnell unters Volk zu bringen. So hat Gouverneur Arnold Schwarzenegger seine Wähler bereits gefragt, wie er das Haushaltsloch Kaliforniens stopfen könne. Ich selber twittere auch und habe große Freude an den kurzen Nachrichten und den nützlichen Informationen, die ich dadurch zu meinen Themen erhalte. Außerdem ist Twitter ein ausgezeichnetes Tool, um die Online-Reputation zu stärken: Es benötigt nicht den gleichen Zeitaufwand wie der Unterhalt eines Blogs, und durch die

Häufigkeit der Posts bleibe ich in der Wahrnehmung meines Netzwerks präsent.

Geeignete Inhalte sind Hinweise auf eigene und fremde Blog-Beiträge, Live-Berichte von Tagungen und Messen, wichtige Mitteilungen sowie alle Inhalte, die Ihre Kompetenz zeigen. Verzichten Sie auf «Haushalt-Tweets» übers Blumengießen und die kaputte Waschmaschine. Betreiben Sie keine Online-Psychohygiene und strapazieren Sie Ihre Leser nicht: Zwei bis maximal drei Tweets pro Tag reichen.

Welche Kanäle der Online-PR und welchen Marketing-Mix Sie auch immer wählen: Achten Sie auf einen einheitlichen Auftritt, der es dem Betrachter leicht macht, Ihr Profil und Ihre Botschaft aufzunehmen, der Wiedererkennung schafft und in Erinnerung bleibt. Dazu ist ein Kommunikationskonzept unabdingbar: Welches Ziel verfolge ich mit meinen Beiträgen? Wen will ich mit meinen Publikationen erreichen? Welche Themen decke ich ab? Was interessiert meine Leserinnen und Leser? Welchen Mehrwert bieten meine Beiträge?

### Seien Sie wählerisch

Wählen Sie Ihre Online-Kontaktnetze sorgfältig aus. Wer überall dabei ist, nur weil alle anderen es auch sind, wirkt alles andere als einzigartig. Suchen Sie sich deshalb gezielt die Plattformen aus, die zu Ihnen und Ihren Bedürfnissen passen. Welcher Teilnehmerkreis ist für mich interessant und gewinnbringend? Wo kann ich etwas Nützliches beitragen? Wo lerne ich am ehesten die Menschen kennen, die mich in meiner aktuellen beruflichen Situation und im Hinblick auf meine Ziele unterstützen könnten?

Dies gilt auch für die verschiedenen Gruppen und Diskussionsforen. Es gibt für jedes erdenkliche Thema eine Online-Communitiy, auf der ich mich vernetzen und austauschen kann. Ich muss deshalb lernen, mich auf die Sites zu konzentrieren, die mich wirklich etwas angehen. Es ist zudem ratsam, sich darüber Gedanken zu machen, wie meine Beteiligung auf einer Site sich auf mein Image in anderen Bereichen auswirkt. Denn was im Web steht, ist öffentlich und kann von allen jederzeit gefunden werden.

Seien Sie ebenso wählerisch mit den Kontakten beziehungsweise Freunden, mit denen Sie sich verlinken. Widerstehen Sie der Verlockung, möglichst viele Kontakte zu sammeln, nur um ein hohes soziales Ansehen zu suggerieren. Das Gegenteil ist der Fall: Wer 1000 Kontakte hat und in 50 Gruppen mitdiskutiert, wirkt oberflächlich und unglaubwürdig. Klasse ist gefragt, nicht Masse. Die Herausforderung besteht darin, in den richtigen Netzwerken mit den richtigen Leuten in Kontakt zu treten.

Indem Sie sich mit einer Person verlinken, sind Sie mit ihr verbunden. Sie zeigen, dass Sie zu ihrem Beziehungsnetz gehören wollen. Bevor Sie bei einer Kontaktanfrage auf den Akzeptieren-Knopf drücken, sollten Sie sich deshalb überlegen: Möchte ich mit dieser Person wirklich verbunden sein? Möchte ich mit ihr in einem Atemzug genannt werden, als deren Freundin oder Businesskontakt? Welche Kontakte will ich knüpfen? Wen will ich in meiner Kontakt- oder Freundesliste haben?

Verlinken Sie sich konsequent nur mit Personen, mit denen Sie ein gemeinsames Interesse haben und die Sie auch im Real Life gerne zu Ihrem Beziehungsnetz zählen würden. Machen Sie bei Kontaktnahmen Ihrerseits deutlich, welchen Nutzen der andere von einem Kontakt haben könnte.

### Ihr attraktives Online-Profil

Wenn Sie in einem Social Network wie Xing oder Facebook Mitglied werden, können Sie dort ein Online-Profil anlegen.

Ihre Online-Profile sind ein zentrales Element Ihres virtuellen Brands. Sie ermöglichen Ihnen, Schlüsselinformationen zu Ihrer Marke zu präsentieren und Ihre Leistungen zu kommunizieren. Ihr Profil können Sie mit verschiedenen Elementen wie Fotos, Videos, einem Link auf Ihre Homepage oder Ihrem Weblog anreichern.

Ein attraktives Profil öffnet Ihnen viele Türen. Dazu sollten Sie Folgendes beachten:

- Füllen Sie Ihr Profil vollständig und korrekt aus. Je detaillierter die Angaben, desto eher werden Sie gefunden und desto höher sind Ihre Chancen, kontaktiert zu werden.
- Ergänzen Sie Ihr Profil mit einem Foto – Profile mit Foto werden doppelt so häufig aufgerufen wie solche ohne persönliches Foto. Falls es sich um eine berufsbezogene Site handelt wie Xing oder LinkedIn, sollte Ihr Foto professionell daherkommen. Auf einer eher privaten Plattform wie Facebook dürfen Sie sich auch legerer geben.
- Reichern Sie Ihr Profil mit Informationen und Geschichten zu Ihrer Person an, dies erleichtert den Beziehungsaufbau zu anderen Nutzern. Zeigen Sie aber nur die Seiten von sich, die Ihrem gewünschten Image entsprechen.
- Seien Sie unbedingt ehrlich und transparent. Verwenden Sie als Username Ihren eigenen Namen und verzichten Sie auf Nicknames.

### Das Netz vergisst nicht

Ihre Beiträge und Fotos können auch nach Jahren noch gefunden werden, selbst wenn Sie sie gelöscht haben. Viele Jugendliche machen sich heute schon Sorgen, dass ihre Karriere durch die unvorteilhaften Bilder, die sie im Übermut aufgeschaltet haben, Schaden nehmen könnte. Besonders negativ bewertet werden Hinweise auf Alkohol- und Drogenkonsum, diskreditierende Partybilder und negative Aussagen über den Arbeitgeber. Überdenken Sie deshalb alle Veröffentlichungen, bevor Sie sie posten. Im Zweifelsfall schlafen Sie eine Nacht darüber und schalten die Beiträge erst am nächsten Tag auf.

Denken Sie dabei nicht nur an Ihre eigene Reputation, sondern auch an die von anderen Personen: Unterziehen Sie jeden Betrag einer kritischen Prüfung: Schade ich mit diesem Beitrag vielleicht mir selber oder jemand anderem? Beleidige oder verletze ich jemanden mit diesem Kommentar? In welchem Licht erscheine ich dank diesem Beitrag? Welche Vorteile wird er mir bringen? Wie werde ich wohl in zehn Jahren darüber denken?

Genauso, wie Sie Ihre Reputation mit unvorteilhaften Veröffentlichungen schädigen, können Sie sie mit den richtigen Beiträgen verbessern. Falls Sie in Projekten und Gremien mitarbeiten, die der Gemeinschaft dienen, oder wenn Sie gemeinnützige Arbeit leisten, sollten Sie dies genauso publik machen wie Ihre sportlichen oder kulturellen Interessen. Und falls Sie dabei auch gleich eine nicht ganz alltägliche Leistung vorweisen können, beispielsweise weil Sie im Opernchor singen oder den New York City Marathon erfolgreich beendet haben, umso besser.

Wie aber sollen wir mit der Information aus dem Netz umgehen, wenn wir am anderen Ende der Kommunikationskette sitzen? Wenn wir die Personalverantwortlichen sind, die potenziellen Chefs oder Kunden, die auf einen wenig vorteilhaften Eintrag eines Bewerbers stoßen? Wir müssen wohl lernen, unerwünschte oder belanglose Information auszusortieren und zu ignorieren. Das Internet ist ein öffentlicher Raum, der uns vielfältigste Möglichkeiten zur Kommunikation und Selbstdarstellung bietet. Dass da auch einmal eine ungünstige Information reinrutscht, ist wohl nicht zu vermeiden. Deshalb sollten wir auch lernen, die zur Verfügung stehende Information mit etwas mehr Abstand und Nachsicht zu betrachten.

### Ego-Googeln

Wer gezielt an seinem Image im Netz arbeitet, sollte regelmäßig nach dem eigenen Namen suchen, um zu erfahren, wer er im Netz ist und wie er dargestellt wird. Googeln Sie deshalb regelmäßig Ihren Namen. Sie können die Suche auch automatisieren, indem Sie kostenlos «Google Alerts» mit Ihrem Namen einrichten. Google Alerts ermöglicht es, die neusten Meldungen zu den von Ihnen gewünschten Begriffen zu abonnieren. So erhalten Sie automatisch einen Hinweis, wenn ein neuer Beitrag mit Ihrem Namen erschienen ist.

Korrigieren und aktualisieren Sie Ihr Profil, Ihre berufliche Position, Ihre Termine und Kooperationen und löschen Sie Beiträge, die nicht mehr Ihrem Profil entsprechen. Falls es sich dabei um Beträge auf fremden Seiten handelt, reicht meist ein freundliches Mail, damit der entsprechende Beitrag geändert oder gelöscht wird. Und falls nun doch einmal ein unvorteilhafter Artikel über Sie oder von Ihnen auf dem Internet auftaucht? Kommunikationsberater und Blogger Klaus Eck rät, in diesem Fall so viele positive Beiträge aufzuschalten, dass die nachteilige Information in der Google-Suche nach hinten gedrängt wird. Insbesondere Blogs und eine eigene Website wirken sich positiv auf die Suchmaschineneinträge aus.

**Online-Reputation – Die Schritte in Kürze**

1. Legen Sie fest, welche Ziele Sie im Netz verfolgen: Wollen Sie berufliche Kontakte knüpfen, suchen Sie einen Job oder

potenzielle Kunden, möchten Sie sich mit Gleichgesinnten vernetzen oder wollen Sie einfach nur Spaß haben?

2. Legen Sie Ihre Philosophie fest: Auf der Basis Ihrer Ziele entscheiden Sie, auf welchen Plattformen Sie sich bewegen und mit welchen Kontakten Sie sich verlinken wollen. Legen Sie fest, wie viel Zeit Sie in Ihre Online-Reputation investieren wollen.
3. Entwickeln Sie ein Kommunikationskonzept: Entscheiden Sie über den passenden Medienmix aus direkten Kontakten, Homepage, Blog, Newsletter, Tweets und so weiter. Achten Sie dabei auf Ihre Ressourcen: Weniger ist häufig mehr.
4. Setzen Sie Ihre Kommunikationsstrategie um: Entwerfen Sie ein attraktives Profil, das Sie sympathisch und kompetent darstellt. Posten Sie regelmäßig Beiträge. Achten Sie darauf, dass diese Ihr Marken-Mantra widerspiegeln.
5. Vermeiden Sie Peinlichkeiten: Stellen Sie keine Beiträge ins Netz, die Sie selber in einem ungünstigen Licht zeigen, andere beleidigen oder diffamieren. Strahlen Sie Positives aus, dann kommt auch Positives zurück.
6. Achten Sie auf aktuelle Inhalte: Aktualisieren und korrigieren Sie regelmäßig Ihr Profil und Ihre Einträge.
7. Überprüfen Sie regelmäßig Ihre Online-Reputation: Geben Sie Ihren Namen einmal pro Monat bei Google ein oder richten Sie Google Alerts mit Ihrem Namen ein, und beobachten Sie, wie Sie im Netz präsentiert werden. Schieben Sie unpassende Beiträge im Google-Ranking nach hinten, indem Sie eigene Beiträge auf publikumsstarken Foren hochschalten.

## Brand Stories – Ihre spannendsten Geschichten

Ob realistisch, pompös, abenteuerlich, magisch oder futuristisch: Nichts fasziniert uns mehr als spannende Geschichten. Wenn Robert Langdon, der Symbolik-Experte aus Dan Browns Romanen, dunkle Mächte bekämpft, wenn sich die verzweifelten Hausfrauen aus der Wisteria Lane gegenseitig das Leben versalzen oder eine Familie aus Grevenbroich berichtet, wie sie sich im Ausland eine neue Existenz aufbaut, hängen wir gebannt an der Erzählung. Was die Filmindustrie schon lange entdeckt hat, sollten auch wir uns zunutze machen: unser Verlangen nach spannenden Geschichten.

### Geschichten schaffen Identität

Unser ganzes Leben besteht aus Geschichten. Wenn Sie beim Abendessen von den Erlebnissen des Tages berichten oder Ihren Chef über den Projektfortschritt und die durchgeführten Maßnahmen informieren, sind das Geschichten. Auch die Anekdoten und Beispiele, die Sie in diesem Buch lesen, sind Geschichten. Geschichten besitzen die Fähigkeit, auf effiziente Art Wissen zu speichern und weiterzugeben. Geschichten lehren und inspirieren uns. Und Geschichten schaffen Identität. Mit den Geschichten, die wir erzählen, vermitteln wir einander Einsicht und Wissen über Dinge, die wir täglich erleben und an die wir glauben.

Wir sind die Geschichten, die wir selber über uns schreiben und die andere sich über uns erzählen. Und je besser unsere Geschichten sind, desto anziehender wirken wir auf andere. Denn gute Geschichten unterhalten. Sie haben einen Helden, mit dem sich die Zuhörenden identifizieren, und sie stillen unser Bedürfnis nach Emotion. Geschichten treffen mitten ins Herz.

Sie leben nicht nur vom eigentlichen Inhalt, sondern von der Dramaturgie und dem Herzblut, mit dem sie erzählt werden. Keiner anderen Kommunikationsform gelingt es besser, Emotionen zu transportieren. Damit avancieren Geschichten zum stärksten PR-Instrument unserer Marke.

**Geschichten als Marketinginstrument**

Die geforderte berufliche Mobilität, ein Leben im virtuellen Raum sowie die Informationsflut, die täglich über uns hereinstürzt, behindern langfristige Beziehungen und erschweren es, andere Menschen profund kennenzulernen. Wer immer neu anfängt, hat für die Menschen, die er trifft, keine Vergangenheit – und damit auch keine gemeinsame Geschichte, die Vertrauen schafft. «Brand Stories» ersetzen diese gemeinsam erlebte Geschichte, indem sie Geschichten von ähnlichen Situationen erzählen, in denen unser Gegenüber Gehaltvolles über uns erfährt und sich ein Bild von uns machen kann. Ersatzgeschichten gewissermaßen, die über unsere zentralen Eigenschaften informieren, unterhalten und leicht zu merken sind, geben Einsicht in unsere Person, unser Leben und Arbeiten.

Die Geschichten, von denen wir hier sprechen, sind immer wahre Geschichten. Zumindest haben sie einen wahren Kern. Denn erzählte Inhalte sind nicht statisch, sondern werden vom Erzählenden dem jeweiligen Kontext angepasst. So entwickeln sich Geschichten über die Zeit. Und manche Geschichten werden zu regelrechten Mythen. Wie die Geschichte von Joanne K. Rowling, der Erfinderin von Harry Potter, die ihre ersten Manuskripte angeblich aus Geldmangel und wegen einer ungeheizten Wohnung in einem Café in Edinburgh geschrieben hat – eine Geschichte, deren Wahrheitsgehalt umstritten ist und die JK Rowling gezielt nutzt, um die Spannung um ihre Person aufrechtzuerhalten. Dennoch sagt diese Geschichte etwas Wichtiges über die Autorin aus: dass sie eine bescheidene Frau ist, die ihre Ideen beharrlich verfolgt und auch unter schwierigen Umständen einen Weg findet, ihre Ziele umzusetzen.

In einer Gesellschaft, die Erlebnisse höher gewichtet als Status, werden Geschichten zur neuen sozialen Währung. Ob jemand eine gute Geschichte erzählen kann und begeistert ist von dem, was er erlebt, gewinnt immer mehr an Bedeutung. Dabei geht es nicht darum, Hochglanzgeschichten zu präsentieren, sondern es geht um authentische Erzählungen, wie sie das Leben schreibt: die eigene Biografie als spannende Entwicklungsgeschichte mit ihren Hindernissen und Rückschlägen – und nicht die makellose Erfolgsstory.

So sollten Ihre Geschichten sein: mal humorvoll, mal ernsthaft, immer emotional, mit einem Mehrwert für die Zuhörer und einem starken Bezug zu Ihrem Marken-Mantra.

### Erzählen Sie Ihre Geschichten ...

Um herauszufinden, welche Geschichten sich besonders gut für Sie eignen, führen Sie ein Brainstorming durch mit folgenden Fragen: Was habe ich erlebt, das anderen etwas nützt, sie inspiriert oder ihnen aus ihrer eigenen schwierigen Situation hilft? Was sind tolle Geschichten, welche die Essenz meiner Marke auf den Punkt bringen? Was kann ich selber aus meiner eigenen Geschichte lernen? Was können andere aus meiner Geschichte lernen?

Wählen Sie die Geschichten aus, die Ihr Mantra und damit das Bild, das Sie von sich zeigen wollen, stärken und die Sie Ihrem Top-of-Mind-Ziel näherbringen.

Zusätzlich zu den bereits erlebten Geschichten können Sie

auch neue Geschichten inszenieren. Allerdings basieren Geschichten immer auf wahren Gegebenheiten. Sie können eine Geschichte also nicht einfach erfinden, sondern müssen sie real erlebt haben oder «zum Erleben bringen», damit sie nachher weitererzählt wird. Es gibt zwei Arten von Geschichten:

1. Big-Bang-Geschichten: Dies sind einmalige Taten, die so gewaltig sind, dass sie nur einmal ausgeführt werden müssen, um ewig in Erinnerung zu bleiben. Wie die Aktion von Jack Welch, der angeblich einmal vor den Augen seiner Belegschaft ein Pult mit der Axt zu Kleinholz zerhackt haben soll, um zu zeigen, dass der Kunde nicht vom Bürotisch aus gewonnen werden kann, sondern nur vor Ort im persönlichen Gespräch. Diese Geschichte erzählt man sich bei General Electric und auch außerhalb heute noch.
2. Steter-Tropfen-höhlt-den-Stein-Geschichten: Diese Geschichten beruhen auf Handlungen, die Sie immer wieder ausführen und die sich mit der Zeit im Gedächtnis der Menschen festsetzen. So hatte ich als Dozentin an einer Fachhochschule bald den Ruf, streng zu sein. Warum? Weil ich pünktlich begann und nur kurze Pausen machte, was sich die Teilnehmenden nicht gewohnt waren. Das sprach sich herum – und so haben sich für mein Wahlmodul nur noch jene Personen angemeldet, die mit meiner konsequenten Haltung einverstanden waren.

Ob Sie sich auf bereits erlebte Geschichten stützen oder lieber Geschichten inszenieren, müssen Sie selbst entscheiden. Wichtig ist, dass Sie Ihre Geschichten an Ihrem Mantra und Ihrem Top-of-Mind-Ziel ausrichten: Welche Geschichten drücken pointiert Ihr Mantra aus und bringen Sie gleichzeitig Ihren Zielen näher? Was sollen die Geschichten über Sie erzählen?

Wenn Sie eine Geschichte inszenieren, sollten Sie diese im Detail planen und konsequent umsetzen.

**... und lassen Sie erzählen**

Besonders wertvoll sind Geschichten dann, wenn Sie von Ihren PR-Agenten aufgegriffen und in Ihrem Netzwerk weitererzählt und diskutiert werden. Dann werden sie virulent und verbreiten sich wie ein Lauffeuer – und mit ihnen Ihr Image. Umso wichtiger ist es deshalb, dass die richtigen Geschichten die Runde machen – ansonsten droht Ihrem Image ernsthafter Schaden. Hören Sie deshalb öfters hin, was über Sie geredet wird. Fragen Sie Ihre PR-Agenten, welche Anekdoten über Sie gerade in Umlauf sind, und lesen Sie im Internet nach, was man sich in den Onlineforen über Sie berichtet. Dies vermittelt Ihnen nicht nur einen Eindruck über das Bild, das andere von Ihnen haben, sondern ermöglicht Ihnen einzugreifen, falls eine Geschichte nicht nach Ihrem Geschmack ist.

**Brand Stories – die Schritte in Kürze**

1. Finden Sie heraus, welche Geschichten über Sie erzählt werden.
2. Identifizieren Sie die Geschichten, die besonders gut zu Ihrem Mantra und Ihrem Top-of-Mind-Ziel passen, und beginnen Sie, diese aktiv zu erzählen.
3. Überlegen Sie, welche neuen Geschichten Ihre Markenbotschaft besonders effizient unterstützen würden, und inszenieren Sie diese.
4. Nutzen Sie dabei Ihre PR-Agenten. Da diese sowieso von Ihnen überzeugt sind, werden sie Ihre Geschichten gerne weitererzählen.

## Tagline – einmal gehört, nie mehr vergessen

Sie kennen sie, die kurzen Werbeslogans, mit denen große Marken sich vorstellen. Einer der berühmtesten ist «Just do it» von Nike. Darin geht es nicht um Schuhe, es geht nicht einmal um Sport. Es geht um das Leben. Um unser Leben. Und damit um das Wertvollste, das es gibt. Nike versteht es hervorragend, uns bei unseren Emotionen zu packen – und nebenbei auch ein paar Sportschuhe zu verkaufen.

«Tagline» bezeichnet den Untertitel eines Films. Und da es sich bei unserer Marke ebenfalls um eine tolle Geschichte handelt, deren Drehbuch wir selber schreiben und deren Hauptrolle wir selber spielen, habe ich den Begriff der Tagline gewählt – im Gegensatz zum Slogan, der vor allem für Firmen und Produkte verwendet wird.

Taglines sind dem Marken-Mantra recht ähnlich. Es kann sogar sein, dass Sie Ihr Marken-Mantra auch gleich als Tagline verwenden möchten. Das ist durchaus erlaubt. Während das Mantra ein «geheimer» Satz ist, der Ihr Verhalten und Ihre Markengestaltung leiten und Sie zur Umsetzung Ihrer Marke motivieren soll, ist die Tagline ein Kommunikationstool, das die zentrale Aussage Ihrer Marke nach außen trägt.

Die Tagline ist die Verdichtung der konzeptionellen Idee Ihrer Marke in einem meist umgangssprachlichen Satz oder Halbsatz. Dieser bringt auf den Punkt, was unser Umfeld von unserer Marke erwarten darf. Damit ist die Tagline ein «Teaser», also ein Locksatz, der Aufmerksamkeit erregen soll. Der größte Vorteil von Taglines besteht darin, dass man sie sich gut merken kann – bedeutend besser als Namen. Wenn Sie eine packende Tagline haben, kann es also durchaus sein, dass sich die Menschen nicht mehr an Ihren Namen erinnern – wohl aber an Ihre Tagline.

**Wie Ihre Tagline sein sollte**

Damit Ihre Tagline den gewünschten Effekt hat, sollte sie folgende Eigenschaften erfüllen:

- Kurz und bündig: Sie soll die Markenbotschaft auf den Punkt bringen. Dazu braucht es eine klare und treffende Botschaft, eine kurze Formulierung sowie einfache Worte.
- Eingängig: Sie sollte leicht zu lesen und auszusprechen sein, eine gute Sprachmelodie haben, mit Bildern operieren und in der Erinnerung haften bleiben.
- Einzigartig: Sie soll eigenständig und unterscheidbar sein und sich von den Taglines der Konkurrenz abheben.
- Emotional: Sie muss zwingend auf die Gefühlswelt zielen und positive Assoziationen, Gefühle und Wünsche hervorrufen. Eine Tagline, die bei Ihnen oder Ihrer Zielgruppe einen negativen Somatischen Marker auslöst, ist als wirksamer Botschafter Ihrer Person ungeeignet.
- Überzeugend: Sie erfasst den Kern der Marke und ihren Hauptnutzen, ist für Ihre Zielgruppe relevant und schafft eine direkte und persönliche Ansprache.
- Glaubwürdig: Ihre Tagline soll zu Ihnen und Ihrem Selbstverständnis passen; sie soll wahr und nachvollziehbar sein und eingehalten werden können.
- Selbstbewusst: Ihre Tagline darf durchaus Selbstbewusstsein ausstrahlen, sie sollte jedoch angemessen und weder übertrieben noch reißerisch sein.

Um die genannten Punkte zu verdeutlichen, können Sie sich die ebenso einfache wie geniale Tagline von Barack Obama – «Yes we can» – anschauen: «Yes we can» sagt kurz und bündig, worum es geht, nämlich um die Fähigkeit, das Leben und die Zukunft selbst in die Hand zu nehmen und dabei Erfolg zu haben. Sie ist leicht auszusprechen, hat eine eingängige, kraftvolle Sprachmelodie und erfüllt damit den Anspruch: einmal gehört, nie mehr vergessen. Sie hebt sich wohltuend von den Schlachtrufen der politischen Gegner ab und vermittelt positive Gefühle von Zuversicht und Stolz. Sie drückt in drei Worten das aus, wofür Barack Obama steht, und zeigt den Wählerinnen und Wählern, was sie unter seiner Präsidentschaft zu erwarten haben. Und sie strotzt vor Selbstbewusstsein – eine Eigenschaft, die die sonst so zuversichtlichen Amerikaner über Jahre schmerzlich vermisst haben.

Barack Obamas Parole wurde übrigens zu Anfang des Wahlkampfs durch den Sänger will.i.am der Hip-Hop-Gruppe The Black Eyed Peas in einen Song gegossen und über YouTube einer großen Masse bekannt gemacht – ein weiterer Beleg für die große Bedeutung der Online-Medien für das Selbstmarketing.

Damit wird auch gleich die Macht dieses kleinen Satzes erkennbar: «Yes we can» hat den Wahlerfolg des bislang national fast unbekannten Senators aus Illinois erheblich beeinflusst. Indem Barack Obama ihn in seinen Reden laufend wiederholt hat, hat er sich in den Köpfen der Menschen eingebrannt, wurde zum geflügelten Wort und zum Synonym für eine neue, hoffnungsvolle Zeit.

Obwohl das Beispiel von Barack Obama zeigt, wie wirkungsvoll eine Tagline sein kann, erstaunt es umso mehr, wie selten Politiker in Deutschland und der Schweiz auf dieses elegante PR-Instrument zurückgreifen. Eine der wenigen Schweizer Politikerinnen, die eine Tagline nutzt, um ihre Botschaft zu verbreiten, ist die Nationalrätin Pascale Bruderer mit «Pascale bewegt».

### Gerne auch in Deutsch

In der Werbung und Filmwelt werden Taglines häufig in Englisch verfasst, obwohl sich ein Trend hin zu mehr deutschen Taglines und Slogans erkennen lässt. Eine Umfrage hat ergeben, dass englische Slogans häufig falsch verstanden werden. So wurde der Slogan der Parfümerie Douglas «Come in and find out» übersetzt mit «Komm herein und geh gleich wieder» – eine Fehlinterpretation, die dem Geschäftsgang nicht eben zuträglich ist.

Ich empfehle Ihnen, die Sprache Ihrer Tagline von Ihrem Umfeld abhängig zu machen. Wenn Sie sich in einem internationalen Umfeld bewegen, in dem meist Englisch gesprochen wird, ist es durchaus sinnvoll, die Tagline ebenfalls in Englisch zu verfassen. Bewegen Sie sich jedoch in einem vorwiegend deutschsprachigen Umfeld, sollten Sie auch hier bei der deutschen Sprache bleiben. Dadurch wird Ihre Tagline nicht nur verständlicher, sie wird auch emotionaler. In einer Sprache, die wir nur oberflächlich beherrschen, haben die Wörter nicht die gleiche emotionale Bedeutung für uns. Sie lassen uns gefühlsmäßig im wahrsten Sinne des Wortes «kalt» – wodurch die Tagline ihre Wirkung verliert.

### Kaiser oder Hofnarr?

Bei der Gestaltung Ihrer Tagline haben Sie die Wahl zwischen verschiedenen Stilrichtungen. Auch hier gibt es kein richtig oder falsch, sondern nur passend oder unpassend. Wollen Sie die Vorteile Ihrer Leistungen ins Blickfeld rücken? Wollen Sie eher provozieren? Oder möchten Sie sich schlicht als die Beste respektive der Beste in Ihrem Bereich positionieren? Diese Formen sind möglich:

- Imperative Taglines verlangen eine Handlung und sagen mir, was ich zu tun habe. Sie beginnen meist mit einem Verb. Zu dieser Kategorie gehört meine persönliche Tagline «Ask Dr. P!».
- Beschreibende Taglines betonen die Vorzüge Ihrer Person oder Ihrer Leistungen. «Wir verpacken für Ihre Gesundheit» ist die persönliche Tagline eines Kunden, der die Verpackungsabteilung einer internationalen Pharmafirma führt. «Bringing the sparkle to your life» ist die Tagline meiner Kundin Barbara. Eine Kundin, die es sich im Mantra zum Ziel gesetzt hatte, innovative Ideen einzubringen, entschied sich für die Tagline «Fine new Perspectives».
- Superlative Taglines positionieren die Marke als unübertrefflich in einer Eigenschaft oder als Leader ihrer Klasse: Die Rolling Stones nennen sich «The Greatest Rock'n'Roll Band in the World», Michael Jackson ist der «King of Pop», und Alfred Hitchcock ist bekannt als «Master of Suspense». Ein Anwalt, spezialisiert auf Markenrecht, setzte sich die Tagline «King of Trademarks».
- Provokative Taglines schließlich sollen zum Nachdenken anregen. Sie besitzen häufig Humor und Wortwitz oder werden als Frage formuliert. Zwei der provokativsten Taglines der letzten Jahre sind «Wohnst du noch oder lebst du schon?» von Ikea und «Geiz ist geil» von Saturn. Provokative Taglines sind wirksam, da sie einen zum Innehalten und zweimaligen Überlegen bringen und dadurch besonders gut im Gedächtnis haften bleiben.

Die beschriebenen Stilrichtungen können auch gemischt werden. Eine Kundin, die eine Beratungsfirma für Gesundheitsförderung und Gesundheitsprävention leitet, wählte eine Mischung aus provokativer und imperativer Tagline: «Willst du dich von deiner saftigsten Seite präsentieren? Bewege dich begeistert und lebe genussvoll.»

### Texten Sie Ihre Tagline

Bei der Gestaltung Ihrer Tagline starten Sie am besten mit einem Brainstorming. Führen Sie sich nochmals Ihr Mantra vor Augen und notieren Sie dann alle Taglines, die Ihnen spontan in den Sinn kommen.

Wählen Sie dann Ihre drei Favoriten aus und testen Sie diese auf die eingangs erwähnten Eigenschaften erfolgreicher Taglines: Die Sätze sind kurz, eingängig, einzigartig, emotional, überzeugend, glaubwürdig und selbstbewusst. Wie können Sie Ihre Favoriten dahingehend verändern, damit sie diesen Anforderungen noch besser entsprechen?

Machen sie es danach wie beim Mantra: Holen Sie sich Ideen aus Ihrem persönlichen Umfeld. Beziehen Sie andere in den Prozess mit ein, indem Sie ihnen die letzte Version Ihrer Sätze zeigen. Welcher Satz kommt am besten an? Sind die Aussagen einheitlich oder gehen die Meinungen auseinander? Warum gehen sie auseinander? Welcher Satz spricht meine Zielgruppen am besten an? Ist die Formulierung treffend und hat jemand einen Vorschlag, wie man sie noch verbessern könnte?

Schließlich entscheiden Sie sich für den Satz, der sich am besten anfühlt. Achten Sie also auch hier auf einen möglichst hohen positiven Somatischen Marker. Ihr Satz ist dann richtig, wenn Sie aus voller Überzeugung sagen können: Ja, genau! Das ist es. Das klingt gut. Sehr interessant. So will ich meine Tagline haben, genau so!

**Tagline – die Schritte in Kürze**

1. Machen Sie auf der Basis Ihres Mantras, Ihrer Leistungen, Beziehungen und Verhaltensgrundsätze ein Brainstorming möglicher Taglines.
2. Wählen Sie Ihre fünf Favoriten aus. Testen Sie, ob diese den Anforderungen an eine Tagline genügen. Streichen Sie alle Taglines, die den Anforderungen nicht gerecht werden.
3. Zeigen Sie die verbleibenden Taglines Personen aus Ihrem Umfeld: Welche finden sie am besten? Haben sie Verbesserungsvorschläge oder fällt ihnen gar eine neue Formulierung ein?
4. Wählen Sie die Tagline aus, die bei Ihnen den höchsten Somatischen Marker auslöst.

## 30-Sekunden-Werbespot – auf direktem Weg in die Top-Etage

Vor einigen Jahren hatte ein junger Angestellter eines großen amerikanischen Unternehmens eine Geschäftsidee. Da sein Chef jedoch wenig Interesse daran zeigte, wollte er seine Idee gleich dem CEO persönlich präsentieren und versuchte, bei diesem einen Termin zu bekommen. Leider vergeblich. So suchte er eine Gelegenheit, bei welcher er ihn auch ohne vorgängige Terminabsprache darauf ansprechen konnte. Das Unternehmen war in einem Wolkenkratzer untergebracht, und das Büro des CEO lag im obersten Stock. Also versuchte er dem CEO im Lift seine Idee zu präsentieren. Allerdings hatte er dazu nur rund 45 Sekunden Zeit – so lange wie der Lift brauchte, um im obersten Stockwerk anzukommen.

Vielleicht kennen Sie diese oder eine ähnliche Geschichte. Sie beschreibt das, was in Amerika «Elevator Pitch» genannt wird, also ein kurzes Verkaufsgespräch im Aufzug. Diese Methode wurde früher gerne von karriereorientierten Vertrieblern genutzt, um ihre Vorgesetzten von ihren Anliegen zu überzeugen. Heute schätzen vor allem Investorenfirmen einen knackigen Elevator-Pitch, um schnell den Kern einer neuen Geschäftsidee zu erfassen und unzureichende Vorschläge auszusortieren.

Ein solcher Elevator-Pitch, in dem Sie Ihrem Gegenüber in 30 bis 45 Sekunden die Essenz Ihrer Marke präsentieren, kann auch Ihnen Herzen und Türen öffnen: Möchten Sie potenzielle Kunden am Telefon neugierig auf Ihre Leistungen machen? Wollen Sie einem wichtigen Entscheidungsträger eine neue Idee präsentieren oder ihn auf Ihre Leistungen aufmerksam machen? Sind Sie an einer Party und jemand stellt Ihnen die Frage: «Und was machen Sie beruflich?» Möchten Sie sich an einem Seminar kurz, aber möglichst wirkungsvoll vorstellen? Oder wollen Sie einen Termin bei einem Ihrer A-Netzwerkpartner erhalten, der Sie jedoch noch nicht persönlich kennt?

In einem solchen Moment können Sie sagen: «Guten Morgen, mein Name ist Hans Meier, ich leite ein Treuhandbüro mit dem Schwerpunkt Steueroptimierung.» Dies ist zwar durchaus korrekt, reißt jedoch niemanden vom Hocker, und Sie verpassen vielleicht die Möglichkeit, Ihr Gegenüber für sich und Ihre Dienstleistungen zu interessieren. Deshalb sollten Sie für solche Fälle immer einen 30-Sekunden-Werbespot vorbereitet haben.

**Vier Schritte zum überzeugenden Werbespot**

Ein 30-Sekunden-Werbespot ist kein vollständiges Verkaufs- oder Informationsgespräch. Es geht nicht darum, Ihrem Gegenüber Vorzüge und Funktionsweise Ihres Angebots zu erklären oder ihm die Inhalte einer bahnbrechenden, von Ihnen verfassten Studie mitzuteilen. Dazu würden 30 Sekunden nie ausreichen. Sie wollen vielmehr sein Interesse wecken für Ihre Person und Ihre Leistung. Dazu muss Ihr Spot so interessant und vielversprechend sein, dass Ihr Gegenüber neugierig wird. «Machen Sie Lust auf mehr», lautet die Devise.

Dazu entwickeln Sie eine kleine Geschichte, in deren Fokus Sie und Ihre Leistungen stehen. Entscheidend ist, dass die Aussage Ihres Spots mit Ihrem Marken-Mantra in Einklang steht.

Wie aber können Sie in 30 Sekunden das Wesentliche über sich und Ihre Leistungen auf den Punkt bringen? Wie können Sie Ihrem Gegenüber Lust machen, mehr über Sie zu erfahren? In der Praxis haben sich folgende Schritte bewährt:

**Schritt 1: Information geben**

Sagen Sie Ihrem Gegenüber, wer Sie sind, also Ihren Namen, und was Sie machen, das heißt Ihre Funktion oder Position. Ihr Gesprächspartner soll schließlich wissen, mit wem er es zu tun hat. Sprechen Sie Ihren Namen deutlich aus. Ich empfehle Ihnen, zusätzlich zu Ihrem Nachnamen auch Ihren Vornamen zu nennen. Das wirkt persönlicher und wird in der Regel besser verstanden und behalten.

Falls Sie einen auffälligen oder fremdländisch klingenden Namen haben, behalten Sie ihn, er schafft Wiedererkennung. Der Agent des Schauspielers Viggo Mortensen, bekannt aus der Trilogie «Herr der Ringe», soll seinem Klienten nahegelegt haben, seinen Namen in Vic Morten zu ändern, da dies amerikanischer klinge. Dieser hat jedoch abgelehnt. Eine gute Entscheidung. Der Name Viggo Mortensen hat größere Erinnerbarkeit und macht seinen Träger einzigartiger als die verkürzte und dadurch auch entseelte Version.

**Schritt 2: Aufmerksamkeit wecken**

Aufmerksamkeit erwecken Sie am besten, indem Sie Ihrem Gegenüber eine Frage stellen: «Was schätzen Sie, ist das wichtigste Element bei der Gestaltung einer persönlichen Marke?» Eine Frage gibt Ihrem Gegenüber die Gelegenheit, über das von Ihnen angesprochene Thema nachzudenken. Dies funktioniert auch dann, wenn es sich um eine rhetorische Frage handelt, auf die Sie gar keine Antwort erwarten.

Wenn Sie keine direkte Frage stellen wollen, können Sie diese auch umformulieren: «Ich beschäftige mich mit der Frage, wie Menschen für sich eine Marke aufbauen können – analog zu Produktmarken.» Oder Sie verwenden eine Metapher: «Stellen Sie sich vor, Ihre persönliche Marke wäre so bekannt, dass die Kunden von sich aus zu Ihnen kämen und Sie nicht mehr zu akquirieren brauchten.»

Hier sollten Sie daran denken, dass wir nur die Informationen wahrnehmen, die für uns emotional relevant sind. Rein rationale Botschaften wecken bei uns kaum Aufmerksamkeit. Ihre Frage muss Ihr Gegenüber also emotional berühren. Um eine solche Frage überhaupt stellen zu können, müssen Sie sich in die Situation und die Bedürfnisse Ihres Gegenübers hineinversetzen: Welches Thema ist für meine Gesprächspartnerin relevant? Welches Thema hat eine emotionale Bedeutung für sie? Wo drückt der Schuh?

Je nachdem, wen Sie mit Ihrem Werbespot ansprechen wollen, werden diese Fragen nicht ganz einfach zu beantworten sein. Falls es sich um einen wichtigen Kontakt handelt, kann es sich daher lohnen, sich vorher über diese Person zu informieren.

Damit wird auch klar, dass dieser Werbespot nicht für alle Gelegenheiten der gleiche sein kann. Je nachdem, um welchen Anlass es sich handelt und wer Ihr Zielpublikum ist, müssen Sie

Ihren Werbespot anders gestalten und exakt für diese Situation maßschneidern. Es gibt also nicht einen Werbespot für alle Situationen, sondern einzelne spezifische Spots für spezifische Situationen und Personen.

**Schritt 3: Lösung anbieten**

Nachdem Sie eine stimulierende Frage aufgeworfen und damit auf ein spezifisches Problem hingewiesen haben, führen Sie aus, welche Antwort Sie auf diese Frage haben beziehungsweise welche Lösung Sie für das genannte Problem anbieten: «Ich habe ein Konzept entwickelt, das Ihnen hilft, Ihr Profil zu schärfen und Ihre Wirkung zu verbessern. Garantiert.»

Dadurch zeigen Sie Ihre Kompetenz, weisen auf Ihren Leistungsausweis hin und können sich als Expertin positionieren.

**Schritt 4: Folgeimpuls setzen**

Ihr Gesprächspartner kann keine Gedanken lesen. Sagen Sie deshalb klar und deutlich, was Sie von ihm erwarten, zum Beispiel eine Spende: «Hier ist ein Einzahlungsschein. Eine Spende würde uns sehr freuen.» Oder ein Treffen, bei dem Sie Ihr Thema weiter erläutern: «Ich würde Ihnen diesen Prozess gerne im Detail erläutern. Wollen wir gleich einen Termin für ein Treffen vereinbaren?»

Wenn Sie mit Ihrem Spot lediglich kurz und knackig auf sich aufmerksam machen wollten und Ihr Ziel damit erst mal erreicht ist, können Sie ein Give-Away anbieten, das für den anderen einen Mehrwert hat und Sie in guter Erinnerung hält. Neben Ihrer Visitenkarte können dies ein Büchlein mit Informationen zum Besprochenen, ein Newsletter, eine Demo-CD, ein Zeitungsartikel oder weitere Dinge sein, die in Bezug zum Gespräch stehen.

Und falls Sie Ihre Gesprächspartnerin an einem Apéro oder einer ähnlichen Veranstaltung kennenlernen und der Werbespot als packender Einstieg ins Gespräch dient, eröffnen Sie an dieser Stelle die Diskussion, indem Sie den Ball rüberspielen und eine offene Frage stellen: «Und was arbeiten Sie?»

### Schriftlich, kurz und bündig

Solange Sie wenig Übung haben, sollten Sie Ihren 30-Sekunden-Werbespot unbedingt vorbereiten und schriftlich festhalten. Gehen Sie dabei folgendermaßen vor:

- Notieren Sie zunächst die Situation, in der das Gespräch stattfindet, und wer Ihr Gesprächspartner ist beziehungsweise wer Ihre Gesprächspartner sind.
- Überlegen Sie, welche Probleme und Fragestellungen für den anderen relevant sind und auf einen emotionalen Punkt treffen. Schließlich notieren Sie den Nutzen, den Sie zu bieten haben, um das aufgeworfene Problem zu lösen. Achten Sie dabei strikte darauf, dass diese Lösung für den anderen relevant ist und ihm einen Nutzen bringt.
- Dann legen Sie die Handlung fest, die Sie vom Gegenüber als Folge Ihres Werbespots erwarten.
- Nun gehen Sie die Schritte 1–4 durch und notieren Ihre Antworten. Schreiben Sie pro Schritt lediglich einen Satz, bei Schritt 3 dürfen es auch zwei Sätze sein. Gefragt ist wirklich nur der absolute Kern Ihrer Botschaft. Reduzieren Sie ihn auf das Minimum und lassen Sie alles Geplänkel weg.

Es braucht etwas Mut, auf diese Weise auch einmal etwas Neues auszuprobieren. Versuchen Sie es trotzdem. Üben Sie Ihren Werbespot zunächst allein und danach mit einer Kollegin oder einem Kollegen. Dadurch merken Sie, wo Ihr Spot zu langatmig und kompliziert ist. Stellen Sie sicher, dass Ihr Gegenüber den Inhalt des Spots versteht. Für Sie als Insider ist vieles verständlich, was für Unbeteiligte möglicherweise nicht nachvollziehbar ist. Lassen Sie sich also unbedingt Feedback geben. Danach üben Sie so lange, bis Sie den Spot auswendig können und sich damit wohl fühlen. Am Anfang erscheint Ihnen Ihr Werbespot vielleicht aufgesetzt. Je häufiger Sie ihn aufsagen, umso natürlicher kommt er über die Lippen. Zudem werden Sie sich mit der Zeit an diese Art der persönlichen Vorstellung gewöhnen. Ich habe Kunden, die in der Telefonakquisition arbeiten und diese Art der Anrede täglich gebrauchen – sie ist ihnen bereits in Fleisch und Blut übergegangen.

**30-Sekunden-Werbespot – die Schritte in Kürze**

1. Legen Sie Anlass und Gesprächspartner des Werbespots fest. Notieren Sie je einen Satz zu den folgenden 4 Schritten:
   - Information geben
   - Aufmerksamkeit wecken
   - Lösung anbieten
   - Folgeimpuls setzen
2. Üben Sie Ihren Werbespot zunächst allein, dann mit einem Partner. Lassen Sie sich Feedback geben und überarbeiten Sie Ihren Werbespot so lange, bis er passt und Sie sich damit wohl fühlen.
3. Gehen Sie zum beschriebenen Anlass und präsentieren Sie Ihren Werbespot mit Freude und Stolz.

# Führen Sie Ihre Marke zum Erfolg

Die Berufswelt befindet sich in einem stetigen Wandel. Wer sich schnell auf neue Situationen einstellen kann, hat die besseren Möglichkeiten. Gleichzeitig ist Stabilität ein zentraler Erfolgsfaktor für eine starke persönliche Marke. Eine Marke, die sich laufend verändert, kann sich nicht im Gedächtnis der Menschen festsetzen, da die Menschen nicht mehr wissen, wofür sie steht und was ihre Botschaft und ihr Versprechen ist. Durch mangelnde Berechenbarkeit verliert sie das Vertrauen ihres Umfelds und letztlich ihren Einfluss und ihren Wert. Wie gelingt es der Marke, stabil und dennoch veränderungsfähig zu sein?

## Eine Marke hat immer einen Markt

Meine Kundinnen und Kunden stellen mir häufig die Frage, ob sie nach einem Arbeitsplatzwechsel oder für ein neues Berufsumfeld eine neue Marke entwickeln müssen. Um diese Frage zu beantworten, müssen wir uns nochmals vor Augen führen, wie wir die Markenidentität erarbeitet haben. Da die Markenidentität auf Ihren größten Stärken und Ihren Lieblingsemotionen aufbaut, die wir aus dem Unbewussten an die Oberfläche geholt haben, bildet sie einen zentralen Teil Ihrer Persönlichkeit. Dies ist Ihr Kern; und dieser Kern ist mittel- bis langfristig stabil.

Sie sind nicht morgen oder in drei Jahren ein anderer Mensch. Natürlich verändert sich Ihre Persönlichkeit; im Erwachsenenalter verlaufen diese Prozesse jedoch langsam. Spätestens mit 30 Jahren ist die Reifephase abgeschlossen, von da an verändern sich die Wesensmerkmale des Menschen nur noch gemächlich. Die meisten Menschen werden mit der Zeit noch etwas gewissenhafter und emotional gefestigter, während die

Offenheit für neue Erfahrungen eher nachlässt. Selbst einschneidende Lebensereignisse führen kaum mehr zu einer Verschiebung in der Persönlichkeitsstruktur. Für uns bedeutet dies, dass wir davon ausgehen können, dass unsere Markenidentität über einen Zeitraum von 10, 15, vielleicht sogar 20 Jahren praktisch unverändert bleibt. Und zwar unabhängig von unserer beruflichen Situation oder Rolle.

Im Markenleitbild und in der Markenkommunikation haben wir jedoch einen gestalterischen Handlungsspielraum, in dem wir Veränderungen vornehmen können.

**Innerhalb der Leitplanken**

Ich ziehe hier gerne den Vergleich zu den Leitplanken einer Autobahn. Stellen Sie sich vor, Sie fahren auf der rechten Spur einer dreispurigen Autobahn. Nach einiger Zeit befindet sich vor Ihnen ein Auto, das langsamer fährt. Was tun Sie? Sie gehen auf die mittlere Spur und überholen dieses Auto. Danach können Sie wieder in die rechte Spur fahren, Sie können aber auch auf der mittleren Spur bleiben oder ganz nach links fahren, je nachdem, wie der Verkehr verläuft. Das heißt, Sie passen sich dem Verkehr an und navigieren vorausschauend innerhalb der gesetzten Leitplanken. Was Sie jedoch vermeiden sollten, ist das Ausbrechen aus den Leitplanken, denn dies würde einen Unfall verursachen. Als Autofahrer müssen Sie also darauf achten, innerhalb der Leitplanken zu bleiben und nicht von der Straße abzukommen.

Auch bei der Marke müssen Sie darauf achten, nicht vom Weg abzukommen. Auf die Marke übertragen, symbolisieren die Leitplanken Ihre Markenidentität. Sie gibt den Spielraum vor, innerhalb dessen Sie sich bewegen können. Die Elemente von Markenleitbild und -kommunikation dagegen dürfen Sie an Ihr Umfeld anpassen. Wenn Sie beispielsweise Ihren Job wechseln, ändern sich unter Umständen Ihr Top-of-Mind-Ziel sowie wichtige Partner Ihres Netzwerks. Außerdem passen Sie Ihren Auftritt dem neuen Umfeld an. Es ist also durchaus sinnvoll, ja erforderlich, dass Sie sich an Umfeld, Situation und Rolle anpassen, allerdings nur solange diese Veränderungen im Einklang mit Ihrer Identität stehen.

Seien Sie aber dennoch vorsichtig: Es braucht seine Zeit, bis Ihr Auftritt etabliert ist. Wenn Sie diesen allzu häufig ändern, werden Sie die Früchte Ihrer Anstrengungen nicht ernten können. Ich empfehle Ihnen deshalb, Ihr Leitbild und die Kommunikation während drei bis fünf Jahren stabil zu halten.

**Nutzen Sie Ihre Freiheiten**

Seine Marke erfolgreich zu leben hat also nichts mit sturem Festhalten an einmal definierten Maßnahmen zu tun, sondern vielmehr mit einer reflektierten und gezielten Veränderungsfähigkeit. Das Geheimnis liegt darin, sich geschickt an sein Umfeld anzupassen, den maximalen Spielraum, der sich bietet, auszunutzen, sich dabei aber immer treu zu bleiben. Nutzen Sie die Freiheiten, die Ihre Markenidentität bietet, um den größtmöglichen Erfolg zu erzielen. Denn gerade die Kombination von Stabilität und Flexibilität verleiht der Marke ihre Durchschlagskraft: Die Stabilität sorgt dafür, dass sie einen klaren Fokus besitzt, der eine Konzentration auf das Wesentliche erlaubt und Wiedererkennung garantiert. Dank der Flexibilität kann die Marke auf Veränderungen reagieren und sich von ihrer besten Seite zeigen – ohne ihr eigentliches Wesen aus den Augen zu verlieren.

**Wir sind so gut, wie unser Umfeld es zulässt**

Im Rahmen einer Veranstaltung hat mich ein Kunde einmal mit den Worten vorgestellt: «Beim Konzept von Frau Wüst geht es um Ich, Ich und nochmals Ich.» Ich war etwas perplex, denn ich selber verstehe Self Branding absolut nicht als reines Ego-Projekt. Natürlich steht das «Ich» im Self Branding im Vordergrund, und dem «Sich mit der eigenen Person befassen» kommt ein großes Gewicht zu. Ebenso bin ich überzeugt, dass der Mensch viel erreichen kann, wenn er seine Ziele engagiert verfolgt. Dennoch stehen wir in einer ständigen Wechselwirkung mit anderen Menschen und unserem Umfeld, was uns auch immer wieder an Grenzen stoßen lässt.

In der Vergangenheit konnte ich häufig beobachten, dass Menschen an einem Ort tolle Resultate erzielen, nach einem beruflichen Wechsel jedoch nicht an diese Erfolge anschließen können. So ging es auch meinem Kollegen Armin. Er war in seinem alten Unternehmen ein geschätzter und beliebter Mitarbeiter mit einem guten Leistungsausweis. Nach einigen erfolgreichen Jahren in der Firma entschied er sich, eine höher dotierte Position bei einem Konkurrenten anzunehmen. Dort konnte er jedoch keine nennenswerten Erfolge vorweisen und verließ nach einiger Zeit frustriert das Unternehmen.

Uns kann es ähnlich ergehen. Nicht nur, wenn wir die Stelle wechseln, sondern auch, wenn wir einen neuen Vorgesetzten erhalten, die Organisationsstruktur ändert, wir in einem neuen Projekt mitarbeiten, neue Kollegen ins Team kommen oder wenn wir den Schritt in die Selbstständigkeit wagen. Denn neben der Fähigkeit, Leistung zu erbringen und diese wirkungsvoll zu präsentieren, ist eine weitere Fähigkeit von genauso großer Bedeutung: die Fähigkeit, das richtige Umfeld zu finden.

## Finden Sie Ihren Markt

Der Erfolg auf einer bestimmten Bühne garantiert uns nicht den gleichen Erfolg auf einer anderen Bühne. Denn unser Erfolg ist nur zu einem Teil von uns selbst abhängig. Genauso wichtig wie unsere Kompetenz ist das passende Umfeld. Ein Umfeld, das uns unterstützt und wertschätzt, in dem wir uns wohl fühlen und auf unsere Ressourcen zugreifen können.

Eine Marke hat immer auch einen Markt – und wir müssen unsere Kompetenz trainieren, den für uns richtigen Markt zu bestimmen. Dazu müssen wir zunächst einmal wissen, was uns gut tut: Welche Voraussetzungen müssen gegeben sein, dass ich meine Stärken ausleben und mich entfalten kann? Welche Art von Menschen brauche ich, damit ich mich in einer Umgebung wohl fühle? Außerdem müssen wir unsere Wahrnehmung schärfen, um ein neues Umfeld richtig einschätzen zu können und dadurch den Markt zu erkennen, auf dem wir anerkannt werden und unser Bestes geben können. Wir müssen ein Urteilsvermögen entwickeln, um die ethischen Richtlinien und Verhaltensweisen eines Arbeitgebers oder Kunden einschätzen zu können, und dürfen uns dabei nicht verführen lassen von wohlklingenden Versprechungen.

Analysieren Sie deshalb regelmäßig Ihr Umfeld: Kann ich mich und meine Fähigkeiten optimal zum Einsatz und zur Geltung bringen? Lässt mir mein Umfeld genügend Raum für meine persönliche und berufliche Entwicklung? Unterstützen und fördern mich die Menschen, mit denen ich zusammenarbeite? Falls Sie eine dieser Fragen mit «Nein» beantworten, suchen Sie sich ein neues Umfeld. Und tun Sie's schnell. Denn in einem Umfeld, in dem Sie sich nicht aufgehoben, anerkannt und unterstützt fühlen, werden Sie nie die Leistung erbringen, zu der Sie fähig sind.

## Die vier Säulen der Veränderung

In einer Zeit, in der sich der Wandel immer stärker beschleunigt, ist die persönliche Veränderungsfähigkeit eine wesentliche Voraussetzung für beruflichen Erfolg. Gleiches gilt in Bezug auf das Self Branding: Wer sich selber, sein Verhalten und seine jahrealten Automatismen ändern will, braucht eine gehörige Portion an Veränderungsfähigkeit.

Selbstveränderung erfordert Energie und Zeit. Nicht selten ist sie ein Kampf gegen lieb gewonnene Gewohnheiten und eingeschliffene Verhaltensweisen. Eine erfolgreiche Veränderung gründet auf vier Säulen: permanente Achtsamkeit, kurzfristige Erfolge, ein erster, kleiner Schritt und genügend Zeit. Dies gilt sowohl für Veränderungen in Ihrem beruflichen und privaten Umfeld als auch für die Verhaltensänderungen, die Sie im Rahmen Ihres Self-Branding-Prozesses anstreben.

### Permanente Achtsamkeit

Um eine bekannte Situation zu ändern, brauchen Sie eine gute Selbstbeobachtungsgabe und viel Selbstreflexion, das heißt die Fähigkeit und den Willen, Ihr eigenes Verhalten kritisch zu beobachten und zu hinterfragen – immer und immer wieder, bis sich Ihr Verhalten schließlich ändert.

Dazu führen Sie sich vor Augen, wie Sie sich in einer bestimmten Situation verhalten möchten. Zum Beispiel, wenn Sie sich im Rahmen Ihres neuen Markenleitbildes vorgenommen haben, Ihrem Gegenüber im Gespräch konzentrierter zuzuhören. Malen Sie sich aus, was Sie konkret tun, wenn Sie Ihrem Gegenüber besser zuhören. Nehmen Sie sich danach am Ende jedes Tages ein paar Minuten Zeit, um Ihr Verhalten an diesem Tag zu überdenken. Haben Sie sich so verhalten, wie Sie es sich vorgenommen haben? Was haben Sie anders gemacht als geplant? Was müssen Sie in Zukunft besser machen?

Dieses Beobachten und Reflektieren wiederholen Sie Tag für Tag. Freuen Sie sich über Ihre Erfolge und nehmen Sie sich vor, es besser zu machen, wenn es nicht wie geplant geklappt hat. Dies machen Sie so lange, bis das gewünschte Verhalten zu Ihrem natürlichen Verhaltensrepertoire gehört.

### Kurzfristige Erfolge

Jede wirkliche Transformation braucht Zeit, und das Anschieben einer Erneuerung droht an Schwung einzubüßen, wenn es kurzfristig keine Erfolge zu erreichen und zu feiern gibt. Um die Motivation aufrechtzuerhalten, brauchen Sie kurzfristige Erfolge, «Quick Wins», wie der Change-Experte und Harvard-Business-School-Professor John P. Kotter sie nennt. Wichtig ist dabei, diese kurzfristigen Erfolge zu planen, also konkret zu überlegen, wo solche schnellen Erfolge zu holen sind, und diese dann gezielt umzusetzen.

Gerade auf dem Weg in die Selbstständigkeit verbringen Leute viel Zeit mit planerischen Arbeiten. Das ist zwar ebenfalls wichtig, führt jedoch nur langfristig zum Ziel und bringt weder wertvolle Kontakte noch Aufträge. Finden Sie deshalb eine optimale Mischung aus strategischen und operativen Aufgaben: Arbeiten Sie fortlaufend an den großen Dingen, und unternehmen Sie parallel dazu kleine Aktionen, die nahe an Ihrem Geschäft und den Kunden liegen. Und wenn Sie dabei spielerisch auch gleich Ihren ersten Auftrag akquirieren, umso besser.

Setzen Sie außerdem Zeichen. Manifestieren Sie die gewünschte Veränderung, indem Sie sich bewusst von Dingen trennen, die in der Vergangenheit wichtig waren, aber zu Ihrem gewünschten Markenprofil nicht mehr passen.

**Ein erster, kleiner Schritt**

Schon viele Projekte sind an zu ehrgeizigen Zielen und dem Wunsch, alles auf einmal und sofort zu erreichen, gescheitert. Dabei braucht es nur einen ersten, kleinen Schritt. Das Geheimnis der großen, umwälzenden Aktionen besteht darin, den kleinen Schritt herauszufinden, der zugleich auch ein strategischer Schritt ist, indem er weitere Schritte auf eine Verbesserung der Situation hin nach sich zieht. Warten Sie dabei nicht auf den günstigsten Moment – der kommt unter Umständen nie. Starten Sie jetzt gleich.

Menschen, die ihre Stelle verloren haben, stellen sich häufig die Frage: «Wie soll ich mich denn bewerben? Ich fühle mich am Boden, glaube gar nicht mehr an mich. Das bemerkt doch jeder Interviewer.» Mag sein, dass dem so ist. Dennoch ist es wichtig, dass sie sich trotzdem einen Ruck geben und sich bewerben. Viele Arbeitslose empfinden die Auflage der Arbeitsmarktbehörde, monatlich eine bestimmte Anzahl an Bewerbungen vorzuweisen, als Schikane. Aus psychologischer Sicht ist sie dies nicht. Denn solche Auflagen zwingen uns, aktiv zu werden, uns über die Neuerungen in unserer Branche zu informieren, neue Quellen anzugehen und uns zu vernetzen. Dadurch steigen letztlich unser Gefühl der Selbstwirksamkeit und unser Wohlbefinden.

Gerade in Krisensituationen ist es wichtig, optimistisch in die Zukunft zu blicken. Orientieren Sie sich gedanklich in Richtung Lösung, beginnen Sie zu handeln und Ihre Situation selbst aktiv zu gestalten. Lernen Sie, sich als Unternehmer Ihrer eigenen Arbeit zu verstehen, der seine berufliche Entwicklung gestaltet und durch eigeninitiatives Handeln seinen Geschäftserfolg mehrt. Nur wer etwas wagt, hat die Chance, einen kleineren oder größeren Erfolg zu erzielen. Nur wer investiert, hat die Chance, davon zu profitieren. Wer aber gar nichts tut, bei dem verändert sich auch nichts.

**Gönnen Sie sich genügend Zeit**

Auch wenn sich der Erfolg nicht sofort einstellt: Seien Sie geduldig. Marketingstrategien brauchen Zeit, bevor sie ihre Wirkung entfalten, und Ihre Self-Branding-Strategie ist schließlich langfristig ausgelegt. Je nachdem, wie viele Mosaiksteinchen Sie gleich am Anfang platzieren und wie konsequent Sie Ihre Quick Wins planen und umsetzen, dauert es durchschnittlich drei bis sechs Monate, bis Sie die ersten positiven Rückmeldungen aus Ihrem Umfeld erhalten.

Gehen Sie dabei mit Rückschlägen und Rückfällen in alte Muster konstruktiv und gelassen um. Sie gehören zu jedem Veränderungsprozess dazu. Der «Wind of Change» ist ein launisches Lüftchen, das bei der kleinsten Irritation die Richtung ändert oder sich völlig legt. Wichtig ist, dass Sie dies nicht als persönliches Versagen interpretieren, sondern als Teil Ihres Lern- und Entwicklungsprozesses werten und nutzen.

Denn genau darum geht es beim Self Branding: dass wir an uns arbeiten und laufend neue Wege entdecken, unserem beruflichen Erfolg ein Stückchen näherzukommen. Was werden Sie als Erstes anpacken?

# Wagen Sie das Abenteuer

Mit Self Branding halten Sie den Schlüssel in der Hand, all dies zu erreichen: ein klares, attraktives Profil, Selbstsicherheit und Ausstrahlung, eine berufliche Karriere, die Sinn stiftet, motivierende Ziele und ein Umfeld, in dem Sie strahlen können. Dabei ist Self Branding ein Abenteuer, das nie zu Ende geht. Bleiben Sie also dran, arbeiten Sie täglich an Ihrer Marke und genießen Sie die persönlichen und beruflichen Höhenflüge, die sich Ihnen dadurch eröffnen. Ich wünsche Ihnen viel Spaß und Erfolg dabei.

Wenn Sie bei Ihrem Self-Branding-Prozess Unterstützung brauchen oder einen Gedanken zum Buch austauschen möchten, erreichen Sie mich unter www.self-branding.ch. Ich freue mich auf Ihren Kontakt.

Zum Schluss möchte ich den Menschen danken, die mich bei diesem Buchprojekt unterstützt haben. Allen voran meinen Kundinnen und Kunden, die mir wertvolle Hinweise und Anregungen für die Überarbeitung des Self-Branding-Modells gegeben haben und deren Fragen mich immer wieder herausgefordert und zum Nachdenken angeregt haben. Ihre vertrauensvolle Zusammenarbeit hat dieses Buch erst ermöglicht.

Ebenfalls ein großes Dankeschön gilt Esther Hürlimann für ihre konstruktiven Hinweise und das sorgfältige Lektorat sowie Pia Hiefner-Hug und Madlaina Bundi vom Orell Füssli Verlag für die professionelle Zusammenarbeit und die Veröffentlichung meiner Gedanken. Ebenso danke ich meiner Familie und meinen Freundinnen und Freunden für ihre vielfältigen und inspirierenden Vorschläge sowie meinem Lebenspartner, Philipp Sutter, der mich auch bei diesem Buch wieder mit Rat, Tat und einer wohltuenden Prise Humor unterstützt hat. Merci.

# Lesen Sie weiter


Albers, Markus: Morgen komme ich später rein – für mehr Freiheit in der Festanstellung. Campus, 2008.

Bauer, Joachim: Prinzip Menschlichkeit. Warum wir von Natur aus kooperieren. Henye, 2008.

Beal, Andy und Strauss, Judy: Radically Transparent. Monitoring and Managing Reputations online. Wiley Publishing, Inc., 2008.

Beckwith, Harry: Selling the Invisible. A Field Guide to Modern Marketing. Warner Books, 1997.

Braunberger, Gerald und Fehr, Benedikt (Hrsg.): Crash. Finanzkrisen gestern und heute. Frankfurter Allgemeine Buch, 2008.

Brühl, Kirsten und Keicher, Imke: Creative Work. Business der Zukunft. Zukunftsinstitut, 2007.

Eck, Klaus: Karrierefalle Internet. Managen Sie Ihre Online-Reputation, bevor andere es tun! Hanser, 2008.

Feige, Achim: Brand Future. Praktisches Markenwissen für die Marktführer von morgen. Orell Füssli, 2007.

Felixberger, Peter: Deutschlands nächste Jahre. Wohin unsere Reise geht. Murmann, 2009.

Förster Anja und Kreuz, Peter: Alles, ausser gewöhnlich. Provokative Ideen für Manager, Märkte, Mitarbeiter. ECON, 2007.

Friebe, Holm und Lobo, Sascha: Wir nennen es Arbeit. Die digitale Bohème oder Intelligentes Leben jenseits der Festanstellung. Heyne, 2008.

Häusel, Hans-Georg: Limbic Success! So beherrschen Sie die unbewussten Regeln des Erfolgs. Haufe, 2006.

Krause, Frank und Storch, Maja: Selbstmanagement – ressourcenorientiert. Grundlagen und Trainingsmanual für die Arbeit mit dem Zürcher Ressourcen Modell (ZRM). Huber Hans, 2007.

Schmid, Birgit: Gebt das Geld in Frauenhand! Das Magazin, 10/2009.

Storch, Maja: Das Geheimnis kluger Entscheidungen. Goldmann, 2008.

Stross, Rudolf: Die Kunst der Selbstveränderung. Kleine Schritte – grosse Wirkung. Vandenhoeck & Ruprecht, 2008.

Ukleja, Mick und Lorber, Robert: Wer bist du und was willst du? 4 Fragen und 48 Stunden, die Ihr Leben verändern werden! Börsenmedien, 2009.

Wüst, Petra: Gezielt einmalig. 22 Tipps für eine überzeugende Selbst-PR. Orell Füssli, 2009.

Zukunftsinstitut (Hrsg.): Die Krise als Chance nutzen. Strategien für Zukunftsmacher. Zukunftsinstitut, 2009.

17. LAB Managerpanel: Online Reputation. Lachner Aden Beyer & Company, Juni 2009. www.labcompany.net.